AF238836

B. Lepsius

Deutschlands Chemische Industrie 1888 - 1913

DOGMA

B. Lepsius

Deutschlands Chemische Industrie 1888 - 1913

ISBN/EAN: 9783955074852

Auflage: 1

Erscheinungsjahr: 2012

Erscheinungsort: Bremen, Deutschland

© DOGMA in Europäischer Hochschulverlag GmbH & Co KG, Fahrenheitstr. 1, 28359 Bremen (www.dogma.de). Alle Rechte beim Verlag und bei den jeweiligen Lizenzgebern.

Deutschlands Chemische Industrie 1888—1913

von

Professor Dr. B. Lepsius
Dr.-Ing. h. c.

Verlag von Georg Stilke, Berlin NW. 7
Hofbuchhändler Sr. Kaiserlichen und Königlichen Hoheit des Kronprinzen
1914

Vorwort.

Die vorliegende Darstellung der Entwicklung der chemischen Industrie Deutschlands in den letzten 25 Jahren wurde ursprünglich geschrieben als Beitrag zu dem von den Herren Dr. von Behr-Pinnow, Professor Dr. Dietrich und Professor Dr. Kayserling im Verlage von Georg Stilke herausgegebenen Jubiläumswerke „Soziale Kultur und Volkswohlfahrt während der ersten 25 Regierungs-Jahre Kaiser Wilhelm II".

Vielfach geäusserte Wünsche haben mich veranlasst, meinen Beitrag durch diese Sonderausgabe, mit der sich Herausgeber und Verleger des Jubiläumswerkes bereitwilligst einverstanden erklärt haben, weiteren Kreisen zugänglich zu machen.

In der neuen Ausgabe sind einige Verbesserungen vorgenommen und die in der Zwischenzeit veröffentlichten statistischen Daten berücksichtigt worden; ferner ist sie durch Anmerkungen und Literaturnachweise ergänzt worden.

Berlin-Dahlem, im Dezember 1913.

B. Lepsius.

Kaiser Wilhelm-Institut für Chemie, Dahlem.

Kaiser Wilhelm-Institut für physikalische Chemie, Dahlem.

Scientia potestas est.
F. Bacon.

Fürstliche Jahrestage sind von jeher Denk'steine der Geschichte gewesen, Ruhepunkte im rastlosen Geschehen, an denen wir innehalten wie der Wanderer im Gebirge, der von gewonnener Höhe zurück'schaut und im Blick' auf die durchmessene Strecke den Lohn empfindet für die aufgewendete Mühe.

So ergreifen wir in dem Jahre, da Deutschland und Preussen das silberne Jubiläum der Regierung des Kaisers und Königs Wilhelms II. begehen, die willkommene Gelegenheit, uns der Früchte unserer Arbeit, der Mehrung unserer Güter, der Vertiefung unserer Erkenntnis zu erfreuen, die wir dieser segensreichen Friedenszeit verdanken, uns der Fortschritte zu erinnern, die die Wohlfahrt unseres Volkes genommen.

Chemische Wissenschaft und Industrie sind an diesen Fortschritten nicht unbeteiligt. Ja, sie dürfen sich rühmen, an dem wirtschaftlichen Aufschwung unserer gesamten Industrie und an der Steigerung unserer Volkswohlfahrt mit in erster Linie teilgenommen zu haben. Hatte sich doch die chemische Industrie in Deutschland in dem letzten Vierteljahrhundert einer Entwicklung zu erfreuen wie in keinem andern Lande. Der Schilderung dieser Entwicklung und ihres Einflusses auf Volkswirtschaft und Volkswohlfahrt sollen die folgenden Blätter gewidmet sein.

6

Für die Fortschritte der Naturwissenschaften und insonderheit für die Chemie hat der Kaiser oft und noch in jüngster Zeit eine tätige Anteilnahme bekundet; sind doch die ersten Forschungsinstitute seiner grosszügigen Schöpfung, der Kaiser-Wilhelm-Gesellschaft, dieser Wissenschaft gewidmet. In dieser Fürsorge dürfen wir wohl ein Vermächtnis erkennen, nicht nur der Kaiserlichen Mutter, die seit den Tagen von Windsor den beredten Worten ihres begeisterten chemischen Lehrers A. W. von Hofmann mit Vorliebe gelauscht hat, sondern ebenso des erlauchten Geschlechts der Hohenzollern, die seit einem halben Jahrtausend mit der Scheidekunst häufig in innige Berührung gekommen sind und an chemischen Ereignissen, daran die Geschichte der Hohenzollernschen Lande und im besonderen ihrer Haupt- und Residenzstadt nicht arm ist, stets lebhaften Anteil genommen haben.

Einleitung   Als der Burggraf Friedrich von Nürnberg im Jahre 1412 die ihm vom Kaiser Sigismund verpfändete Mark in Besitz nahm, bediente er sich alsbald der soeben in die Kriegskunst eingeführten chemischen Energie, um das Volk vor den Unterdrückungen des raubritterlichen Adels zu schützen, denen es fast ein Jahrhundert preisgegeben war. Unter der vernichtenden Wirkung des Schwarzpulvers und dem Donner der „Faulen Grete" fallen die Burgen der märkischen Barone*), und unter den Hohenzollern kehren allmählich geordnete Zustände in die Mark zurück. In der Hand der Bauleute formt sich der gebrannte Ziegel zu kunstvollen

---

*) Allein den Quitzows musste Friedrich 24 feste Schlösser nehmen, bis er sie besiegt hatte. Werke Friedrich d. Grossen, 1913. 1. 13.

Giebeln und Türmen, und bald fehlt es auch nicht an
Versuchen zur Erforschung der Natur. Allerdings werden
sie beherrscht von der damals schon tausendjährigen
Alexandrinischen Wahnvorstellung des Steins der
Weisen, die vom 13. bis über das 16. Jahrhundert hinaus
auch unser Vaterland in alchemistische Träume bannt. Alchemie
Dieser Zeitströmung haben sich auch die Hohenzollern
nicht entzogen. Der älteste Sohn Friedrichs, Markgraf
Johann, führt den Beinamen des Alchemisten; er ex-
perimentiert jahrelang auf der Plassenburg in Franken,
aber mit demselben Misserfolg wie die späteren Fürsten,
die sich der Kunst der Metallverwandlung widmen. Auch
die grosse Zeit der Buchdruckerkunst, der Weltumsege-
lung und der Reformation ändert nichts an dem über-
kommenen Aberglauben. Kurfürst Joachim I., der
Nachfolger Johann Ciceros, ist trotz seiner im
Jahre 1506 erfolgten Gründung der märkischen Universität Frankfurt noch umgeben von Alchemisten und
Nekromanten. Als sein Hofastrolog aus der Gruppierung
der Sterne den Untergang der Städte Berlin und Kölln
auf den 25. Juli 1525 berechnet, zieht er mit dem
Hofstaat auf den Tempelhofer Berg, um das seltene
Schauspiel zu beobachten.

Sein Enkel Johann Georg, ein eifriger Lutheraner,
beruft, in dem Bestreben, den Staatshaushalt der Mark
zu verbessern, den Schweizer Alchemisten Leonhard
Thurneisser zu seinem Leibarzt und errichtet ihm
in der ehemaligen Franziskanerabtei, dem jetzigen Sitz
des Berlinischen Gymnasiums zum Grauen Kloster, ein
wohlausgestattetes Laboratorium. Aber obwohl die me-
dizinische Privatpraxis, in der die berühmte Harnprobe
eine bedeutende Rolle spielt, dem Wunderdoktor mehr
Geld einbringt als seine Goldmacherkunst dem Staate,

bleibt das alchemistische Laboratorium die traditionelle
Einrichtung des Brandenburgischen Hofes.

Auch der Grosse Kurfürst huldigt den Anschauungen seiner Zeit. Wie lebhaft jedoch alle Entdeckungen
seine Teilnahme erwecken, bezeugen die Magdeburger
Halbkugeln Otto von Guerickes, die noch jetzt auf
der Königlichen Bibliothek zu Berlin aufbewahrt werden.
Aber wenn er auch nicht in den Besitz der ersehnten
Tinktur gelangt, so finden wir in seinem Laboratorium
doch einen der ausgezeichnetsten Experimentatoren seiner
Zeit, den berühmten Alchemisten Johann Kunkel,
schon ein Chemiker im Sinne unserer Tage, der sich um
die Wissenschaft bleibende Verdienste erworben hat.*)

Rubinglas   Auf der Pfaueninsel bei Potsdam, wo ihm der Kurfürst ein Laboratorium erbaut, errichtet er eine Krystall-
glashütte und erfindet 1678 das goldhaltige Rubinglas,
dessen Farbenpracht nicht übertroffen worden ist, wie
wir an der sehenswerten Sammlung seiner Kunstgläser
erkennen, die wir noch heute im Berliner Kunstgewerbe-
Museum bewundern. Der von ihm verwendete Glas-
bläsertisch ist noch jetzt ein unentbehrliches Hilfsmittel
im chemischen Laboratorium. Zum zweiten Male entdeckt Kunkel den Phosphor, dessen Bereitung der erste
Entdecker Brand in Hamburg geheimhielt, der ihn
1669 aus dem Urin erhalten hatte, als er daraus den
Stein der Weisen zu gewinnen gedachte. Die neue Entdeckung bringt Kunkels „Oeffentliche Zuschrift vom
Phosphoro mirabile" zur allgemeinen Kenntnis. Dieser
merkwürdige Stoff blieb lange eine Kuriosität, deren

---

*) Die ältere chemische Geschichte Berlins hat A. W. Hofmann
in einem (hier mehrfach benutzten) akademischen Vortrag: Berliner Alchemisten und Chemiker, Berlin 1882, eingehend behandelt.

Anblicks sich nur Wenige zu erfreuen hatten. Noch
50 Jahre nach seiner Entdeckung wurde eine Unze mit
16 Dukaten bezahlt, wofür man heute 40 kg erhalten
kann.

Der Phosphor wurde bis vor 20 Jahren nur in Phosphor
England und Frankreich fabriziert. 1892 führte die
Chemische Fabrik Griesheim-Elektron in Frankfurt a. M. die Phosphorfabrikation auf elektrothermi-
schem Wege in Deutschland ein, das die grösste Zünd-
holzproduktion besitzt und daher am meisten Phosphor
verbraucht. Die heute verwendeten ungiftigen, sogenannten schwedischen Zündhölzer wurden von Chr.
Böttger in Frankfurt a. M. im Jahre 1848 erfunden,
der den kurz zuvor von A. Schrötter in Wien entdeckten roten Phosphor an Stelle des giftigen gelben in
der Reibfläche verwendete. Da der deutsche Prophet
aber in seinem Vaterlande nicht gehört wurde, wandte
er sich nach Schweden, von wo zehn Jahre später seine
Erfindung nach Deutschland zurückkehrte.

Die deutsche Produktion dieser Zündhölzer betrug
im Jahre 1912 84 Milliarden Stück oder 1400 Millionen
Schachteln, die ein Gewicht von 21 000 Tonnen repräsentieren, zu deren Beförderung ein Zug von 2100 Eisenbahnwagen erforderlich sein würde. Die wirtschaftliche
Bedeutung dieser Industrie spricht sich in der Tatsache
aus, dass dem Deutschen Reiche aus der Zündwaren-
steuer jährlich fast 20 Millionen Mark zufliessen.

Als an der Schwelle des 18. Jahrhunderts der Sohn Porzellan
des Grossen Kurfürsten den Kurhut mit der Königskrone vertauschte, wurden die Geldbedürfnisse des
preussischen Staates begreiflich nicht geringer, und mit

Befriedigung hört der neue König von einem Adepten, der sich in der Spandauer Strasse mit Goldmachen beschäftigt. Der sechzehnjährige Gehilfe Johann Friedrich Böttcher, aus Schleiz gebürtig, hatte sich in Magdeburg mit Mathematik und Feuerwerkerei beschäftigt; seine Vorliebe für die Chemie veranlasste ihn, nach Berlin zu dem Apotheker Zorn in die Lehre zu gehen. Durch Talent und Fleiss ausgezeichnet, arbeitet er trotz des Verbots seines Lehrherrn ganze Nächte an alchemistischen Problemen und erbietet sich endlich, die Metallveredlung vor Zeugen auszuführen. Der aufsehenerregende Versuch gelingt, und das „tingierte Gold" wird alsbald dem Könige vorgelegt. Schon jedoch hat Böttcher Berlin verlassen und bei Wittenberg die sächsische Grenze überschritten. Aber die polnische Königskrone August II. verursacht nicht weniger Geldbedürfnisse als die preussische, und so wird der vermeintliche Goldvogel, ungeachtet, dass sich der Handel fast zu einem casus belli zwischen Sachsen und Preussen zuspitzt, auf Befehl des in Warschau befindlichen Kurfürsten in Dresden in Verwahrsam genommen, wo er zwar kein Gold macht, sich aber in Gemeinschaft mit dem Physiker von Tschirnhaus keramischen Experimenten hingibt und nach acht Jahren der Begründer der weltberühmten Meissner Porzellanfabrik wird.

So bedeutete die Flucht Böttchers doch einen Verlust für Preussen. Aber der Vorsprung wird bald eingeholt.

Zwar sind die ersten Versuche, Meissener Porzellan in Berlin zu machen, nicht befriedigend. Man ruft die Wissenschaft zu Hilfe, und im Auftrage Friedrichs des Grossen unternimmt es der Akademiker und Hofapotheker Johann Heinrich Pott, die Frage auf syn-

thetischem Wege zu lösen, indem er in 30 000 einzelnen
Versuchen alle möglichen keramischen Mischungen den
verschiedensten Temperaturen aussetzt.

In seinem berühmten Werke: „Chymische Untersuchungen, welche fürnehmlich von der Lithogeognoseia
handeln", werden diese Versuche, die den Grund für
die wissenschaftliche Erkenntnis des Verhaltens der
Materie bei hohen Temperaturen gelegt haben, eingehend beschrieben. Sie gehören dem Friedensjahrzehnt
vor dem siebenjährigen Kriege an.

Inzwischen hatte der Kaufmann Wilhelm Caspar
Wegely den erfolglosen Versuch gemacht, mit Hilfe
von Arbeitern, die das Meissener Geheimnis zuerst
nach Höchst a. M. gebracht hatten, in Berlin eine Porzellanfabrik zu errichten. Besseren Erfolg hatte der
Kaufmann Joh. Ernst Gotzkowski, der mit Hilfe
eines Wegelyschen Arbeiters in dem in der Leipziger
Strasse gelegenen Dorvilleschen Hause, wo noch heute
die Niederlage der Berliner Manufaktur ihren Sitz hat,
eine neue Fabrik errichtete. Aber die ungünstigen Zeiten
zwangen ihn, im August 1763 seine Zahlungen einzu-
stellen. Schon im nächsten Monat ging die Fabrik, die
Gotzkowski Friedrich dem Grossen zum Kauf angeboten hatte, für den Preis von 225 000 Talern in den
Besitz des Königs über, dessen Interesse für die Por-
zellanfabrikation noch gewachsen war, da er während
des Krieges mehrfach Gelegenheit hatte, die Konstruk-
tion der Porzellanöfen in Meissen selbst zu studieren.
Von dem ersten Besuch des Königs in der Berliner
Fabrik am 11. September 1763 berichtet der Chronist
Grieninger: „Niemals hat sich wohl ein Monarch
gnädiger herabgelassen. Sein huldreicher Blick er-
streckte sich über alles. Bei dem Brennofen sprach

er lange mit mir und zeichnete den Umriss von einem
sächsischen Garofen in meine Schreibtafel."

Bald arbeitet die Fabrik mit 500 Arbeitern und
fertigt gute Ware, die die Anerkennung des Königs findet:
„Sieht Er, das ist schön", sagt er zum Direktor
Grieninger, „und schöner als ichs zu Meissen gesehen
habe; aber ich kanns nicht kaufen, ich habe kein Geld."
Trotzdem ist Friedrich selbst der bedeutendste Ab-
nehmer, obwohl für den anderweitigen Absatz alles
mögliche getan wird. Die Kriegs- und Domänenkam-
mern in den Provinzen mussten Niederlagen errichten;
der Generallotterie wurde auferlegt, jährlich für 6000
Taler anzukaufen, und die Juden waren genötigt, eine
gewisse Menge Porzellan gegen bare Zahlung zu ent-
nehmen, eine Verpflichtung, die erst 1797 mit 40 000
Talern abgelöst wurde. Auch unter den Nachfolgern des
grossen Königs hat sich die Königliche Manufaktur
besonderer Fürsorge zu erfreuen. Aus einem Immediat-
bericht vom Jahre 1793 geht hervor, dass sie eine der
ersten industriellen Anstalten gewesen ist, die die Dampfmaschine einführte. Auch führt sie berühmte Namen
unter ihren Mitarbeitern; im Jahre 1791 gehörte
Alexander v. Humboldt und der Berliner Chemiker
Klaproth der Farbenkommission an.

So ist die Königliche Porzellanmanufaktur, die
später auf ein zwischen dem Tiergarten und der
Spree gelegenes Gelände übersiedelte, durch ihre hervor-
ragenden Leistungen für die Entwicklung des Kunstge-
werbes in Preussen von vorbildlicher Bedeutung geworden. In den letzten Jahrzehnten ist unter staat-
licher Beihilfe durch fortgesetzte Versuche die Technik
des Porzellans auf allen Gebieten vervollkommnet
worden. Ganz besonders aber haben die zu chemischen

Zwecken in den Laboratorien und in der Industrie verwendeten Porzellangegenstände, wie Tiegel, Schalen, Kessel, Röhren usw., durch ihre Temperaturbeständigkeit und ihre säurefeste Glasur eine Vollendung erfahren, die dem „Berliner Porzellan" einen Weltruf verschafft hat.

Das ganz persönliche hohe Interesse, das auch unser Kaiser dem keramischen Gewerbe in reichem Masse zuwendet, ist aus der Tatsache bekannt, dass er auf seinem Landgut Cadinen durch den Direktor der Berliner Porzellanmanufaktur A. Heinecke eine Majolikafabrik hat errichten lassen.

Die Zahl der Porzellan- und Steingutfabriken in Deutschland hat sich in den letzten 25 Jahren von 228 auf 359, die Anzahl der darin beschäftigten Arbeiter von 37 000 auf 66 000 vermehrt.

Wenn Potts keramische Arbeiten auf rein wissen- Berliner Blau schaftlicher Grundlage geschahen, so wurde um dieselbe Zeit eine wichtige Berliner Entdeckung ganz zufällig gemacht. Als der Farbenkünstler Diesbach eine eisenhaltige Cochenille-Abkochung mit einer Kalilauge fällen wollte, die zufällig durch eine stickstoffhaltige animalische Substanz, das sogenannte Dippelsche Knochenöl, verunreinigt war, erhielt er statt des roten Florentiner Lackes einen prachtvollen blauen Farbstoff, der später zu einer ausgedehnten Industrie geführt hat, in der neben den zyanhaltigen Rückständen der Leuchtgasfabrikation vornehmlich die alten Schuhe und Stiefel verarbeitet werden, die wir alljährlich ablegen. Dieser Farbstoff, das Berliner Blau, ein Zyanid von Kalium und Eisen, ist das Ausgangsmaterial für alle Zyanverbindungen geworden; so des schön krystallisierenden Blutlaugensalzes wie der giftigen Blausäure, die noch jetzt in England und Frankreich den Namen Preussisches Kali und Preussische Säure führen. Welche Früchte hat diese Berliner Erfindung gezeitigt! Deutschlands Produktion *Zyansalze* von Zyansalzen, etwa die Hälfte der Weltproduktion, wird gegenwärtig auf 10000 Tonnen im Jahre geschätzt, im Werte von 13 Millionen Mark. Den grössten Teil daran hat das Natriumzyanid, zu dessen Bereitung metallisches Natrium verwendet wird, das man in Rheinfelden auf elektrolytischem Wege mit Hilfe der Wasserkraft des Rheins gewinnt. Dieser Industrie hat sich die Deutsche Gold- und Silberscheideanstalt in Frankfurt a. M. angenommen, mit der der Name Rössler durch drei Generationen eng verknüpft ist. Anfangs der siebziger Jahre ist sie durch die Scheidung der alten preussischen Taler bekannt geworden, deren nicht unbedeutender Goldgehalt in früheren Zeiten nicht vollständig abgeschieden werden konnte. Von jenen Zyansalzen bleibt nur ein sehr geringer Teil im Inlande, der zu galvanischen Zwecken verwendet wird. Bei weitem der grösste Teil des Zyannatriums wird dagegen in die goldgesegneten Gefilde von Mexiko, Südafrika und Alaska gesandt, wo seit Anfang der neunziger Jahre die letzten Anteile des fein verteilten Goldes aus den verpochten Erzen durch eine verdünnte Zyanidlösung herausgewaschen werden. Von den 256000 kg *Gold-* Gold, die im Jahre 1911 in den Transvaalminen ge*extraktion* fördert wurden, sind 93000 kg durch diese Zyanidextraktion gewonnen worden, wofür etwa 6000 Tonnen Zyannatrium verbraucht wurden.

Unter den Chemikern des 18. Jahrhunderts steht Andreas Sigismund Marggraf an erster Stelle. Er ist 1709 in Berlin geboren; ein Schüler Stahls, kehrt er nach sorgfältigen chemischen und pharmazeutischen Studien in Frankfurt a. M., Strassburg und Halle im Jahre 1737 nach Berlin zurück, wo er nach kurzer Zeit in die 1700, unter dem Einfluss der jungen geistvollen Königin Sophie Charlotte, von Leibniz gegründete Königliche Gesellschaft der Wissenschaften aufgenommen wird, die Friedrich der Grosse später in die Akademie der Wissenschaften und schönen Künste umwandelt.

Das akademische Laboratorium liegt in der heutigen Dorotheenstrasse, die damals den Namen „Letzte Strasse" führte, auf einem noch jetzt der Akademie gehörigen Grundstück. Hier ist der neue Akademiker in den Stand gesetzt, sich ausschliesslich der experimentellen Forschung zu widmen. Die wissenschaftliche Chemie verdankt Marggraf zahlreiche wichtige Entdeckungen, darunter eine bequemere Methode zur Gewinnung des Phosphors als die Brands und Kunkels, aber seine berühmten Untersuchungen über die Zusammensetzung der Pflanzen sind bestimmt, eine neue Weltindustrie ins Leben zu rufen. Es war die glückliche Friedenszeit nach dem zweiten Schlesischen Kriege. Der Sieger von Hohenfriedberg hatte den Dresdener Frieden geschlossen, und die ersehnte Friedenszeit lud ein zu schöpferischer Arbeit. Die Untersuchungen Marggrafs beschäftigen sich mit denjenigen Teilen verschiedener Pflanzen, die einen süssen Geschmack besitzen, und nach mannigfachen Studien findet er, „dass einige dieser Pflanzen nicht nur einen dem Zucker ähnlichen Stoff, sondern in der Tat wirklichen Zucker enthalten, der dem aus Zuckerrohr gewonnenen genau gleicht."

Rübenzucker   Dass auch der König dieser Entdeckung, die bald
im In- und Auslande Aufsehen erregt, lebhaftes Interesse
entgegenbringt, dass er alsbald die Möglichkeit erkennt,
durch den Anbau der Runkelrübe, in deren Saft Marggraf den höchsten Zuckergehalt vorfindet, der vater-
ländischen Landwirtschaft Vorteil zu verschaffen, bedarf keiner Erwähnung. Diese Aufgabe zur Lösung
zu bringen, war jedoch dem Schüler und Nachfolger
Marggrafs Franz Karl Achard vorbehalten. Einer
Hugenottenfamilie entstammend, 1753 in Berlin geboren,
mit 23 Jahren Mitglied der Akademie, übernimmt er
im Alter von 29 Jahren die Professur seines Lehrers
und ist mit leidenschaftlichem Eifer bestrebt, dessen
grosse Entdeckung in die Praxis überzuführen. Allein
erst gegen Ende des Jahrhunderts, 50 Jahre nach Marggrafs Entdeckung des Rübenzuckers, sind seine landwirtschaftlichen Versuche so weit gediehen, dass er auf
seinem Gute Caulsdorf bei Berlin die erste Zuckerernte
aus heimischem Gewächs einbringt, und dass nunmehr
einer industriellen Erzeugung von Zucker aus Runkel-
rüben kein Hindernis mehr im Wege zu stehen scheint,
zumal ihm der junge König Friedrich Wilhelm III.,
der Begründer der Berliner Universität, durch Ge-
währung bedeutender Staatsmittel in den Stand setzt,
auf dem Gute Cunern in Schlesien die erste Rüben-
zuckerfabrik zu errichten.

          Wie bei jeder neuen Technik, waren auch hier, im
Kampfe mit der Konkurrenz, die sich in England nicht
scheute, Achards Charakter durch hohe Bestechungs-
summen auf die Probe zu stellen, grosse Schwierigkeiten
zu überwinden. Sie wurden durch die napoleonischen
Kriegswirren nicht vermindert. Da erschien eine Hilfe
von unerwarteter Seite. Indem der in rücksichtsloser

Verblendung vom Cäsarenwahn ergriffene Imperator am 21. November 1806 von Berlin aus die Schliessung der Häfen des Festlandes gegen englische Waren dekretierte, verlieh er der kontinentalen Zuckererzeugung einen Impuls, der im Laufe weniger Jahrzehnte daraus eine der vornehmsten Einnahmequellen des Staates gemacht hat. *)

Im Jahre des Regierungsantritts Friedrich Wilhelms IV. wurde die neue Steuer zum erstenmal erhoben. In der Zuckerkampagne von 1840 wurden in 145 Fabriken 5 000 000 Zentner Rüben verarbeitet und über eine Viertel Million Zentner Zucker gewonnen, die dem deutschen Zollverein einen Steuerbetrag von 120 000 Mark einbrachten. Die heutige Welternte beträgt rund 18 Millionen Tonnen, wovon nicht ganz die Hälfte auf Rübenzucker kommen. Davon entfallen 8 310 000 Tonnen auf Europa, woran Deutschland mit etwa einem Drittel beteiligt ist.**) Die staatswirtschaftliche Bedeutung der deutschen Rübenzuckerindustrie ergibt sich aus der Tatsache, dass die Zuckersteuer in dem Voranschlag der Reichseinnahmen für das Jahr 1913 mit einem Betrage von 157 600 000 Mark eingesetzt wurde, wodurch ein Zwölftel der gesamten Zoll- und Steuereinkünfte des Deutschen Reiches gedeckt wird.

---

*) Vergl. Du Bois-Reymond, E., Die Berliner französische Kolonie in der Akademie der Wissenschaften. Reden, Leipig 1912, 2, 313.

**) Die Zuckerernte der Welt für 1912/13 beläuft sich auf:

Rohrzucker	9 211 755 t
Rübenzucker in Europa	8 310 000 t
Rübenzucker in d. Ver. Staaten	624 064 t
Welternte	18 145 819 t

(Ztschr. ang. Chem. 1913, 26, 769.)

Künstliche Soda

Betreten wir das 19. Jahrhundert, so zieht die Fabrikation der künstlichen Soda alsbald unsere Aufmerksamkeit auf sich. Sie beginnt mit einer Tragödie. An Stelle der Algen, die der Sturm an die Küste treibt, hatte der französische Gelehrte Leblanc, der Leibarzt des Herzogs von Orleans, 1790 das von dem Ozean und den Steinsalzlagern in unbegrenzter Menge dargebotene Kochsalz benutzt, um die für die Seifenfabrikation vielbegehrte Soda zu gewinnen. Dieser Leblanc-Soda-Prozess bildet die Grundlage der chemischen Grossindustrie des vergangenen Jahrhunderts. Mit ihm entwickelt sich die Fabrikation der Schwefelsäure und Salpetersäure, die bei der Herstellung der Soda Verwendung finden; als Nebenprodukt entsteht die Salzsäure, die zu einer neuen Industrie des Chlors führt, das in Form von Chlorkalk als Bleichmittel die Welt erobert.

Die Französische Republik hat diesem Wohltäter der Menschheit schlecht gedankt. Nachdem das Haupt des Herzogs unter der Guillotine gefallen, wurde das Patent Leblancs durch Dekret des Wohlfahrtsausschusses vernichtet, das Verfahren veröffentlicht, die mit Unterstützung des Herzogs erbaute Fabrik geschlossen, das Inventar versteigert und der Erlös von 120 000 Francs zum Besten der Nation konfisziert. Verarmt und gebrochen endet Leblanc am 16. Januar 1806 sein Leben mit eigener Hand auf den Trümmern des zerstörten Werkes.

In Frankreich wurden bald mehrere Fabriken errichtet. 1814 findet die künstliche Soda Eingang bei den englischen Seifenfabriken. Der Tonnenpreis beträgt 1818 noch 840 Mark. Er ist heute auf weniger als den zehnten Teil gesunken. Während sich aber die neue Industrie in England, namentlich wegen des enormen Aufschwungs der Baumwollindustrie,*) rasch entwickelt, wird sie in Deutschland erst 20 Jahre später aufgenommen.

Als der Scharfsinn Justus Liebigs im Jahre 1840 in dem Werk über „die Anwendung der Chemie auf Agrikultur und Physiologie" der Landwirtschaft die Notwendigkeit offenbarte, dem Acker diejenigen Mineralstoffe wieder zuzuführen, die ihm die Ernte dauernd entzieht, war es die in den Knochen am leichtesten zugängliche Phosphorsäure, auf die der Landwirt sein Augenmerk zuerst richtete. Die Herstellung des künstlichen Phosphatdüngers**) aber erforderte die Fabrikation der Schwefelsäure, zu der sich bald die der Leblanc-Soda gesellte. Die erste deutsche Sodafabrik wird 1843 von Herrmann in Schönebeck bei Magdeburg gebaut. In Berlin errichtete Kunheim 1844 am Tempelhofer Feld die erste Schwefelsäurekammer, der alsbald die

---

*) Die ersten Baumwollkulturen wurden auf Veranlassung von Tench Coxe im südlichen Nordamerika im Jahre 1786 angelegt. 1791 wurden 2 Millionen engl. Pfund von dort exportiert, 1800 35 Millionen, 1830 350 Millionen, 1896 3190 Millionen. Die Baumwolle konnte nicht, wie das Leinengewebe auf dem Rasen gebleicht werden, sondern bedurfte der Behandlung mit Schwefelsäure, Soda und Chlor. Vgl. A. Binz, Ursprung und Entwicklung der chemischen Industrie. Berlin, 1910.

**) Der Weltverbrauch an Phosphatdünger belief sich im Jahre 1906 auf 8 026 430 t Superphosphat, 2 120 980 t Thomasmehl, 327 610 t Phosphoritmehl. Zusammen 10 474 980 t entsprechend 1 624 950 t Phosphorsäure. Vgl. W. v. Schneider, Mineralische Düngemittel und Ernteerträge. Riga, 1909.

Leblanc-Soda-Fabrikation und der Deacon-Chlor-
prozess folgt.

Kaliindustrie   Aber Liebigs wissenschaftliche Mahnung ruft noch
eine andere Industrie hervor, die für die deutsche Volkswohlfahrt eine ausserordentliche Bedeutung gewonnen
hat. Deutschland ist das einzige Land der Erde, das
über einen unermesslichen Reichtum an Kalisalzen ver-
fügt, die für den Pflanzenwuchs ebenso wichtig sind
wie die Phosphorsäure. Die bei der Salzgewinnung
zuerst lästigen, heute überaus wertvollen sogenannten
Abraumsalze, die an manchen Stellen die obere Schicht
der ungeheuren Salzlager Mitteldeutschlands bilden,
wurden 1857 bei Gelegenheit von Bohrungen auf Steinsalz in Stassfurt entdeckt. Die Berliner Professoren
Rose und Rammelsberg stellen den hohen Kaligehalt
dieser Salze fest, und 1861 begründeten Herrmann Grüne-
berg und Adolf Frank die Stassfurter Kaliindustrie, die sich von der Magdeburger Gegend bald nach
Thüringen, Braunschweig und Meckelnburg ausdehnt,
heute die ganze Welt mit Kalidünger versorgt und auf
die Entwicklung der deutschen Landwirtschaft einen
enormen Einfluss ausgeübt hat.*) Die Kalisalzförderung**)
begann im Jahre 1861 mit 2000 Tonnen und beträgt
heute an reinem Kali über 1 Million Tonnen im
Werte von 177 Millionen Mark.***) Hiervon werden
90 Prozent zu Düngezwecken verwendet, wovon mehr
als die Hälfte in Deutschland verbleibt; zehn Prozent

---

*) A. Frank, Anfang und Entwicklung des Kalibergbaues und
der Kaliindustrie. Verhandlungen des Vereins zur Beförderung des
Gewerbefleisses. 1902, 81, 233.
**) Chem. Ind. 1913, 36, Protokoll der Hauptvers. 65.
***) Die Förderung an Kalirohsalzen betrug 1912 11 Millionen
Tonnen. Ebenda 1913, 705.

gehen in die Industrie, wovon etwa zwei Drittel im Inlande verarbeitet werden, insbesondere zu Pottasche und Aetzkali, Kalisalpeter, Alaun, chromsaurem und chlorsaurem Kalium und einer Reihe anderer Kalisalze.

In dieselbe Zeit fällt die Begründung einer Industrie, die ihre mächtigste Entwicklung ebenfalls in Deutschland gefunden hat, und deren Produkte heute zur Ver- Teerfarben-schönerung des Daseins aller Völker der Erde bei- industrie tragen. War aber jene anorganische Grossindustrie der Mineralsäuren, der Soda und des Kalis auf empirischem Boden gewachsen, so setzte die neue Industrie der Teerfarben eine rein wissenschaftliche Basis voraus, da sie der ungleich verwickelteren organischen Chemie angehört. Der Ausgangspunkt dieser merkwürdigen, für die deutsche Volkswirtschaft so bedeutungsvoll gewordenen Industrie ist das Anilin.

In dem kleinen, jetzt als Gärtnerhaus benutzten, Laboratorium der ehemals Sellschen Teerdistillation und späteren Oehlerschen Farbenfabrik in Offenbach Anilin hatte im Jahre 1842 A. W. Hofmann, damals Liebigs Assistent in Giessen, aus 1200 Pfund destillierten Steinkohlenteers, des früher lästigen Abfallproduktes der Leuchtgasfabrikation, 2 Pfund eines basischen Oeles extrahiert, das er bald mit dem 1826 von dem Chemiker Unverdorben*) aus dem Indigo, dem arabischen „Anil", erhaltenen Kyanol identifiziert und „Anilin" genannt hatte.**)

---

*) O. Unverdorben, geb. 1806, lebte auf einem Landgut in Dahme bei Berlin.
**) Vergl. B. Lepsius. Aug. Wilh. von Hofmann. Allgem. deutsche Biographie. Leipzig 1905.

Zwei Jahre danach weist er im Steinkohlenteer das reichliche Vorkommen des früher nur aus der Benzoesäure erhaltenen Benzols durch dessen Ueberführung in Nitrobenzol und Anilin nach, und nun beginnen die epochemachenden Untersuchungen über die Derivate dieses verwandlungsfähigen Körpers.

Durch die Vermittlung der Königin von England wird Hofmann 1845 an das Royal College of Chemistry nach London berufen, wo er in der Mitte der fünfziger Jahre die wissenschaftliche Grundlage der Farbenchemie legt, die die Welt mit einer nie geahnten märchenhaften Farbenpracht beschenken sollte. Nach zwanzigjährigem Aufenthalt in England verlässt er seine glänzende Londoner Stellung, um dem „Lockruf nach dem Hochlande einer deutschen Universität" nach Bonn und kurz darauf nach Berlin zu folgen.

Laboratorien   Inzwischen hatten sich die deutschen Verhältnisse wesentlich geändert. Nach dem Vorbilde Liebigs in Giessen und Wöhlers in Göttingen waren die Hochschulen mit Laboratorien ausgestattet worden, die der Industrie bald ein Heer mit dem Rüstzeug wissenschaftlicher Forschung ausgestatteter Chemiker zur Verfügung stellen konnten, die darauf brannten, ihre Kenntnisse und Erfahrungen in die Praxis zu übertragen. Die deutsche Maschinentechnik hatte sich durch die aufstrebende Entwicklung des Eisenbahn- und Lokomotivbaus gehoben, und schon hatte Werner Siemens den Grund gelegt für die technische und chemische Ausnutzung der elektrischen Kraft.

Einfluss der
Gründung
des
Deutschen
Reichs   Aber erst die Begründung des Deutschen Reiches unter des grossen Kaisers glorreicher Regierung schuf für den Aufbau einer deutschen Weltindustrie die

äusseren Bedingungen in der Einheit der deutschen Lande, in einer gesicherten, auf fortschreitendem Wohlstande begründeten Finanzwirtschaft und in der weisen Gesetzgebung seines Kanzlers, dessen erste Sorge es war, die nationale Arbeit zu schützen und durch Stetigkeit der Handelsbeziehungen zum Auslande der deutschen Industrie einen festen Boden zu schaffen. Die allmähliche Verstaatlichung der Eisenbahnen schafft nach Aufhebung 26 verschiedener Tarife eine erspriessliche Verkehrspolitik und einen einheitlichen Reichseisenbahntarif, der die sichere Kalkulation für den Ein- und Verkauf der Waren ermöglicht. An die Stelle des bis dahin sorgfältig gewahrten Fabrikgeheimnisses, das durch die Wiederholung vieler kostspieliger Erfahrungen und Entdeckungen zu einer unnützen Vergeudung der Kräfte führt, tritt mit der Einführung des deutschen Pa- Patentgesetz tentgesetzes der Schutz des gewerblichen Eigentums und die Veröffentlichung der wichtigsten Erfindungen, die die Industrie mit neuen Ideen befruchtet. Ein gründliches Vorprüfungs- und Einspruchsverfahren verleiht den deutschen Patenten ein grösseres Ansehen vor denen des Auslandes und führt vermöge der durch dieses Verfahren bewirkten sorgfältigen Ausarbeitung der Schriftstücke zu einer chemischen Patentliteratur, wie sie an Umfang und wissenschaftlicher Bedeutung kein anderes Land aufzuweisen hat. Das grosse Handbuch von Adolf Winther,*) in dem die seit dem Erlass dieses Gesetzes bis 1905 erteilten organisch chemischen Patente systematisch kodifiziert sind, enthält die Beschreibung von mehr als 6000 in Deutschland geschützter

---

*) Ad. Winther, Zusammenstellung der Patente a. d. Gebiete der organischen Chemie. 1877 bis 1905. 3 Bde. Giessen 1908—1910.

24

Verfahren zur Herstellung technisch wichtiger organischer Verbindungen. In derselben Zeit wurden in England und Frankreich je etwa 4000 und in Amerika etwa 2500 organisch chemische Patente erteilt, von denen jedoch die meisten wiederum von deutschen Erfindern genommen wurden. Die Deutschland betreffende Zahl hat sich seitdem weiter um 3300 erhöht.

Chemische Gesellschaften

Die Vertreter von Wissenschaft und Industrie vereinigten sich zu Verbänden, um gemeinsame Interessen zu verfolgen und zu schützen. Die wissenschaftliche Chemie hatte in der von A. W. Hofmann im Jahre 1867 in Berlin ins Leben gerufenen Deutschen Chemischen Gesellschaft ihren Sammelpunkt gefunden. Die industrielle Chemie organisierte sich 1877 in dem Verein zur Wahrung der Interessen der Chemischen Industrie Deutschlands, während es sich zehn Jahre später der Verein Deutscher Chemiker zur Aufgabe machte, die Interessen der angestellten Fachgenossen zu vertreten. In den 25 Jahren seines Bestehens hat er die Zahl von 5000 Mitgliedern erreicht. Endlich wurde 1894 die Deutsche Bunsengesellschaft für angewandte physikalische Chemie ins Leben gerufen, die die Interessen dieser auch wirtschaftlich zu grosser Bedeutung gelangten Grenzwissenschaft vertritt.

Aus den kleinen Verhältnissen der sechziger Jahre, in denen die meisten der chemischen Unternehmungen gegründet wurden, deren Grösse wir heute bewundern, konnte sich unter diesen günstigen Auspizien die chemische Industrie in den beiden ersten Jahrzehnten des neuen Deutschen Reiches allmählich, aber stetig entwickeln. Charakteristisch für diese Zeit ist das Emporblühen der Teerfarbenindustrie, wodurch gleichzeitig die

Säure- und Sodafabrikation, die man mit Einschluss
ihrer zahlreichen anorganischen Nebenprodukte als „chemische Grossindustrie" zu bezeichnen pflegt, einen mächtigen Impuls erhielt. Aber trotz dieser inneren Erstar-
kung war eine Abhängigkeit vom Auslande, namentlich Abhängigkeit
von England, nicht zu verkennen, die besonders in $\quad$ vom Auslande
einigen Hauptbedarfsartikeln, wie Soda, Aetzkali, Chlorkalk, ferner in den Ausgangsmaterialien für die Farb-
stoffindustrie, den Teerprodukten, wie Benzol, Toluol,
Phenol, Naphthalin und Anthrazen, für die weitere Entwicklung in hohem Masse hemmend und störend wirkte.

Die fortschreitende zielbewusste Befreiung vom Auslande, die rastlose Entwicklung auf selbständiger wissenschaftlicher und finanzieller Basis und die Aufnahme
grosser Kulturprobleme sind gegenüber jener Epoche
die Kennzeichen der deutschen chemischen Industrie in
dem zuletzt verflossenen Vierteljahrhundert. Es wird
unsere Aufgabe sein, in die mächtige Entwicklung, die
die chemische Industrie unter dem Schirme der Frie-
densregierung unseres Kaisers und Königs zum
Wohle des deutschen Volkes genommen, einen Einblick
zu geben; freilich nur in einzelnen Bildern, denn die
Fülle der Erscheinungen gebietet weitgehende Be-
schränkung.

* * *

In der Soda-Industrie war vor 25 Jahren bereits $\quad$ Soda-
eine wesentliche Veränderung vor sich gegangen. Im $\quad$ industrie
Laufe von fast einem Jahrhundert war der Leblanc-
Soda-Prozess gründlich durchgearbeitet worden, alle
Nebenprodukte wurden in sinnreicher Weise verwertet,
namentlich in England waren grosse Kapitalien in dieser
in sich geschlossenen Industrie angelegt worden, so dass

man glauben konnte, niemand könne ihm seinen Welt-
besitz streitig machen.

Da gründete der Belgier Ernest Solvay*) auf die
Unlöslichkeit des Natriumbicarbonats in Salmiaklösung
das nach ihm benannte Ammoniaksodaverfahren, das
in der zweiten Hälfte der siebziger und anfangs der
achtziger Jahre in raschem Siegeslauf gegen den Leblanc-
Prozess zu Felde zog, um ihm bedeutende Gebiete des
Weltmarktes zu entreissen.

Solvay-
Prozess

Der unter grossen technischen Schwierigkeiten
durchgeführte Solvay-Prozess konnte billiger arbeiten, da das an Stelle von Schwefelsäure zur Um-
setzung des Kochsalzes verwendete Ammoniak durch
einen Kreisprozess immer wiedergewonnen wurde; er
verlief ferner bei niedrigen Temperaturen und verbrauchte deshalb nur die Hälfte der Kohlen; auch ging
er nicht von festem Steinsalz aus, sondern von einer
Kochsalzlösung, die an vielen Orten direkt aus der Erde
gepumpt werden kann und daher viel wohlfeiler ist, als
das im Bergbau oder in der Saline gewonnene Salz.

Allerdings hatte das neue Verfahren einen unver-
besserlichen Fehler: es konnte aus dem Chlornatrium
nur das Natrium verwerten, nicht aber das Chlor, das
in Form von Chlorkalziumlösung ein unverwendbares
Nebenprodukt bildete. Diesem Umstande verdankte der

---

*) Die erste Ammoniaksoda-Fabrik baute Solvay vor 50 Jahren
(1863) in Couillet bei Brüssel mit einem Kapital von 136 000 Fr.
Gegenwärtig werden von der Gesellschaft Solvay & Cie. und ihren
zahlreichen Schwester- und Tochtergesellschaften in Belgien,
Deutschland, England, Frankreich, Italien, Spanien, Oesterreich-
Ungarn, Russland und Nordamerika 35 000 Arbeiter und Beamte
beschäftigt. Während der letzten 50 Jahre fiel der Sodapreis
von 320 M. auf 80 M.

Leblanc-Prozess 'die Möglichkeit, immerhin noch inso-
weit am Leben zu bleiben, wie die Chlorprodukte auf
dem Weltmarkt gebraucht wurden.

Ein zweiter Vorteil für den Leblanc-Prozess be-
stand darin, dass der Solvay-Prozess wohl Soda, aber
keine Pottasche herstellen konnte, weil zwar das Na-
trium-, aber nicht das Kaliumbicarbonat in Salmiak'-
lösung unlöslich ist. So kam es, dass England nicht nur
den Markt in Chlorkalk, sondern auch in Pottasche nach
wie vor beherrschte, ebenso wie in dem daraus gewinn-
baren Aetzkali, 'das für die Seifenfabrikation unentbehr-
lich ist.

Aber auch diese letzten Positionen sollten ihm verloren gehen, als vor 25 Jahren 'die Chemische Fabrik
Griesheim in Frankfurt am Main das Problem auf-
nahm, Chlorkalium auf elektrolytischem Wege zu schei-
den in Aetzkali und Chlor.*)

Seit 'dem Anfange 'des 'vorigen Jahrhunderts hatte
dieses Problem die Chemiker beschäftigt. Dass sich
in einer Kochsalzlösung am positiven Pol eines galvanischen Stromes Chlor entwickelt, hatte 1801 der Professor 'der Berliner Bauakademie P. L. Simon zuerst
beobachtet. Aber von 'dieser Entdeckung bis zur technischen Elektrolyse war ein weiter Weg zurückzulegen.
Ein Vierteljahrhundert verging, bis das Faradaysche
Gesetz 'die qualitativen Beobachtungen quantitativ zu
beherrschen, und ein zweites Vierteljahrhundert, bis
Robert Meyer und Hermann Helmholtz in dem
Gesetz der Konstanz und Aequivalenz der Kräfte die
Umwandlungen zwischen thermischer, elektrischer und

Marginal note: Elektrolyse der Chlor-alkalien

---

*) Vgl. B. Lepsius, Die Elektrolyse in der Chemischen Gross-
industrie, Ber. d. d. chem. Ges. 1909, 42. 2892.

chemischer Energie messend verfolgen und technisch verwenden lehrten.

Mit der Entdeckung des elektrodynamischen Prinzips durch Werner Siemens im Jahre 1866 und dem Bau der ersten Dynamomaschine für die galvanoplastische Anstalt von Grohe in Berlin beginnt eine elektrochemische Industrie. Aber im Jahre 1888 gab es noch Autoritäten, wie den Chefchemiker der United Alkali Cie. in Manchester Dr. Hurter, die die Verwendung der Elektrolyse in der Sodaindustrie wegen ungünstiger Energieausnutzung für ein „chimärisches Unternehmen" hielten. Dem Direktor der Chemischen Fabrik Griesheim, J. Stroof, gelang nach mehrjährigen Versuchen die praktische Lösung dieses wichtigen Problems durch die Anwendung eines sowohl gegen Alkali wie gegen Chlor beständigen Zement-Diaphragmas. Die 1891 auf der Frankfurter Elektrizitäts-Ausstellung vorgeführten Erstlingsprodukte dieses Verfahrens kündigten eine neue Epoche der Alkali- und Chlorindustrie an.

Die unausbleibliche Folge war, dass der Leblanc-Prozess den Chlormarkt verlor und in England wie auf dem Kontinent im Laufe weniger Jahre fast von der Bildfläche verschwand. Die Leblanc-Soda-Fabrikation, die im Jahre 1894 noch fast 600 000 Tonnen betrug, sank bis 1908 auf 50 000 Tonnen oder den zwölften Teil herab. Am meisten wurde davon natürlich die englische Alkaliindustrie betroffen, während das salz- und kalireiche Deutschland, wo sich inzwischen auch das Ammoniakverfahren ausgebreitet hatte, von der englischen Vorherrschaft in Soda, Aetzkali und Chlor endgültig befreit wurde. Deutschland, das 1890 noch 7000 Tonnen Chlorkalk vom Auslande erhielt, hat zehn

Chlorkalk, Aetzkali

Jahre später eine Ausfuhr von 30 000 Tonnen, und die
Bilanz in Aetzkali, die noch im Jahre 1895 negativ ist,
weist 1904 eine Ausfuhr von 25 000 Tonnen auf.

Die Weltproduktion an Chlorkalk wird gegenwärtig
auf 300 000 Tonnen geschätzt; die Hälfte davon wird
auf elektrolytischem Wege gewonnen, den inzwischen
ausser dem Griesheimer Diaphragmenverfahren auch
noch andere, wie das Aussiger „Glockenverfahren"
und das „Quecksilberverfahren" von Kastner-Kellner-
Solvay, eingeschlagen haben.

Da die Sodafabrikation mit fast allen anderen chemischen Industrien in engem Zusammenhange steht, so
lässt sich vielleicht an keinem Beispiel der Aufschwung
der gesamten chemischen Industrie während der letzten
25 Jahre so augenfällig dartun wie an der Sodaproduk-
tion, die sich im Laufe dieser Zeit mehr als verdreifacht
und gegenwärtig die Höhe von 3 Millionen Tonnen
erreicht hat.

Der niedrige Preis des elektrolytischen Chlors, der Organische
seit Einführung des neuen Verfahrens fast auf die Hälfte Chlorver-
gesunken ist, hat zu vielen neuen Verwendungen ge- bindungen
führt, die um die Wende des Jahrhunderts von der
Chemischen Fabrik Griesheim-Elektron alsbald aufgenommen wurden. In der Industrie der chemischen Präparate findet es Verwendung bei der Herstellung von
Chloroform und Chloral. Eine wichtige Anwendung
findet der unverbrennliche Chlorkohlenstoff als Lösungsmittel in den chemischen Wäschereien und Fett-
extraktionen an Stelle des gefährlichen Benzins, wodurch
die Benzinexplosionen aus der Welt geschafft werden,
die in diesen Anstalten an der Tagesordnung waren.

Eine grosse Bedeutung hat das bis dahin in der Industrie unbekannte Chlorbenzol gefunden, das zum Ausgangspunkt einer grossen Zahl von Zwischenprodukten für die Farbenindustrie geworden ist,[*]) wie auch die Chloressigsäure, die bei der Bereitung des künstlichen Indigos eine wichtige Rolle spielt.

Flüssiges Chlor   Aber auch die anorganische Industrie hat sich die Vorteile des elektrolytischen Chlors nicht entgehen lassen, zumal ihr dieser reaktionsfähige Stoff jetzt in sehr bequemer Weise, nämlich in flüssigem Zustande in Kesselwagen von 5000 kg Nettogewicht, zur Verfügung gestellt wird. Den grössten Verbrauch an flüssigem Chlor hat gegenwärtig die Aufarbeitung eines Abfallproduktes, das noch vor 25 Jahren kaum beachtet wurde. Die bekanntlich aus verzinntem Eisen bestehenden Weissblechabfälle werden nach einem Verfahren der Firma Th. Goldschmidt in Essen durch Chlor entzinnt. Diese Abfälle, die hauptsächlich aus alten Konservenbüchsen bestehen, werden in der ganzen Welt gesammelt, unter starker Pressung auf einen kleinen Raum zusammengedrückt und in geschlossenen Gefässen mit Chlor behandelt, das zum Zinn eine grössere Verwandtschaft besitzt als zum Eisen. Dabei entsteht

Zinnwiedergewinnung

---

*) Beim Nitrieren von Chlorbenzol erhält man Ortho- und Paranitrochlorbenzol, durch weiteres Nitriren des letzteren ein Dinitrochlorbenzol, das für die Herstellung von schwefelhaltigen Farbstoffen von Bedeutung ist. Das in diesen Verbindungen sehr bewegliche Chlor lässt sich durch Hydroxyl- oder Aminogruppen ersetzen, wodurch Nitrophenole und Nitramine erhalten werden. In ähnlicher Weise lassen sich Nitranisole und Nitrophenetole erhalten. Durch Reduktion aller dieser Produkte entstehen endlich mannigfaltige und wertvolle Anilinderivate usf. Vgl. B. Lepsius. l. c.

das wertvolle Zinnchlorid, das in grossen Mengen in der Textilindustrie zum Beschweren der Seide benutzt wird, während das zurückbleibende Eisen in die Hochöfen zurückkehrt. Bei der starken Entwicklung der Nahrungsmittelkonservierung hat diese Abfallindustrie grosse Dimensionen angenommen. Es werden jährlich etwa 20 000 Tonnen Weissblechabfälle verarbeitet, und die gewonnenen Produkte repräsentieren einen Wert von 24 Millionen Mark. Ein schönes Beispiel, dass die moderne chemische Industrie nichts umkommen lässt.

Neben dem Chlor entsteht bei der Alkalielektrolyse Wasserstoff noch ein zweites gasförmiges Produkt, der Wasserstoff, ausgezeichnet durch seine Brennbarkeit und sein geringes Volumgewicht. Aber ein Jahrzehnt hat man ihn ungenutzt in die Atmosphäre entweichen lassen. Erst als der kühne Reitergeneral Graf Zeppelin das Luftmeer zum Tummelplatz seines Genius machte und im Bunde mit den von der Automobilindustrie geschaffenen, fast in jedem Kilo die Kraft eines Pferdes bergenden Motoren aus dem Wasserstoffballon Blanchards den steuerbaren Luftkreuzer schuf, fand dieses leichteste aller Luftschiff-Gase seine prädestinierte Verwendung. Es war ein fahrt glücklicher Zufall, dass die technische Elektrolyse den neuen Lenkballons, die gegenwärtig einen Rauminhalt von 27 000 cbm erreicht haben, sofort beliebige Mengen dieses Gases zur Verfügung stellen konnte.

Die Produktion dieser neuen Industrie beträgt mehrere Millionen Kubikmeter im Jahre. Allerdings hat es der Ueberwindung erheblicher Schwierigkeiten bedurft, diesen leichten Stoff, von dem der Kubikmeter nur $1/_{10}$ kg wiegt, auf grössere Entfernungen zu versenden. Aber die nach dem bewundernswürdigen Mannesmann-Verfahren hergestellten nahtlosen

S t a h l f l a s c h e n, in die man das Gas mit einem Druck von 150 Atmosphären hineinpresst, kamen diesem Bedürfnis entgegen. Zu grösseren Transporten werden 500 Flaschen, die 2750 cbm Gas aufnehmen, auf Eisenbahnwagen montiert; zur Füllung von einem Zeppelinballon sind jedoch nicht weniger als acht solcher Wagen erforderlich. Man hat daher die Ballonplätze und Luftschiffhallen in der Nähe elektrolytischer Anlagen errichtet; andererseits aber sind inzwischen andere Wasserstoffverfahren aufgekommen, die zwar teureren Wasserstoff liefern, aber unabhängig von dem Orte dieser Anlagen sind, was insbesondere für den Kriegsfall von Bedeutung ist.

Fetthärtung   Der Luftschiffahrt sind bald andere Anwendungsgebiete des Wasserstoffs gefolgt. Seine stark reduzierende Kraft, namentlich in Gegenwart fein verteilter Metalle, wie Nickel und Palladium, benutzt die Technik, um flüssige Fette, wie Fischtrane und Pflanzenöle, in feste Fette zu verwandeln, die, zum Ersatz der Butter und zur Kerzenfabrikation geeignet, einen höheren Wert besitzen. Obwohl diese Fetthärtung eine ganz junge Industrie ist, setzt sie bereits sehr beträchtliche Werte um.

Schweissen   In ausgedehntem Masse bedient sich neuerdings die u. Schneiden Eisenindustrie des komprimierten Wasserstoffs. Die Entmit Wasser-
stoff   wicklung einer hohen Verbrennungstemperatur bei seiner Vereinigung mit Sauerstoff hat zu einem autogenen Schweissverfahren geführt, das besonders dünnwandige Eisenbleche ohne Zuhilfenahme anderer Metalle zusammenzulöten gestattet, ein Verfahren, das in der Fahrrad- und Automobilindustrie und überhaupt in der Kleineisenindustrie ausgedehnte Verwendung findet.

Aber auch 'die Schwerindustrie benutzt den Wasserstoff unter Zuführung 'überschüssigen Sauerstoffs als unentbehrliches Werkzeug, wenngleich nicht zum' Verbinden, sondern zum Trennen von Eisenteilen. Hierbei ist man nicht auf dünne Wandstärken beschränkt, vielmehr gelingt es, 40 cm dicke Panzerplatten exakt, wie mit einer Säge, zu zerschneiden. Unter bedeutender Ersparung von Zeit und Geld findet dieses Schneidverfahren beim Zurichten von eisernen Trägern, von Eisenkonstruktionen, beim Hochbau, Maschinen-, Brücken- und Schiffbau die mannigfachste Anwendung.*)

Von anderen Verwendungen des komprimierten **Wasserstoffs** mag noch die Reduktion seltener Metalle, wie Osmium, Wolfram und Tantal, in der Industrie der Metallfadenlampen erwähnt werden, von denen in Deutschland jetzt täglich mehrere 100 000 Stück angefertigt werden.**) Metallfaden-
lampe

Von besonderem Interesse aber ist seine Anwendung zur Erzeugung synthetischer Edelsteine. Das von Frankreich stammende Verfahren wurde in Deutschland von H. Wild und A. Miethe aufgenommen und wird gegenwärtig von den Elektrochemischen Werken in Bitter- Künstliche
Edelsteine

---

*) Beide Verfahren wurden zu Anfang dieses Jahrhunderts von der Chemischen Fabrik Griesheim-Elektron in die Technik eingeführt.

**) In Deutschland wurden hergestellt:

	1911	1912
Metallfadenglühlampen	47 211 892 Stück	76 185 721 Stück
Kohlenfadenglühlampen	24 791 196 „	20 975 348 „
Glühkörper für Gaslampen	126 050 954 „	135 320 173 „
Brennstifte für Bogenlampen	10 740 025 kg	11 093 154 kg

Die hieraus schöpfende Leuchtmittelsteuer für das Deutsche Reich ergab für das Jahr 1912 16 150 348 M. (Chem. Ind. 1913. 36. 669.)

feld ausgeübt. Staubförmige, reinste Tonerde gestaltet sich im Gebläse der Knallgasflamme zu denselben lichtbrechenden, krystallklaren Schmucksteinen, wie sie die Natur nicht schöner liefern kann. Die taubenblutfarbenen Rubine von Birma und Ceylon, die kornblumenblauen Saphire von Kaschmir, die farblosen Leukosaphire, der orientalische Amethyst, der hyazinthrote Alexandrit: alle diese Geheimnisse sind der Natur entlockt worden. Schon werden ca. 6 Millionen Karat dieser synthetischen Edelsteine mit allen Eigenschaften der natürlichen fabriziert, die mit 2—8 Mark pro Karat (= $^1/_5$ g) verkauft werden. Und doch werden die Steine natürlicher Herkunft von Liebhabern noch mit dem fünfhundertfachen Preise bezahlt.[*])

Elektrothermische Prozesse   In einer Zeit, die der Elektrizität soviel Wandlungen des täglichen Lebens verdankt, ist es nicht wunderbar, dass sich die chemische Industrie auch noch anderer Seiten dieser proteusartigen Kraft bedient. Während bei der Elektrolyse die Verwandlung der elektrischen in chemische Energie zu Prozessen verwendet wird, die nicht bei besonders hohen Temperaturen verlaufen, hat man bei anderen die Fähigkeit des elektrischen Stromes benutzt, bei der Ueberwindung von Widerständen grosse thermische Energien zu erzeugen und Temperaturen herbeizuführen, die ohne aussergewöhnliche Kosten sonst nicht zu erreichen waren.

Zu diesen hohen Temperaturen hat man seine Zuflucht genommen, um Elemente zur Reaktion zu bringen,

---

[*]) Vgl. Synthetische Edelsteine, als Manuskript gedruckt von der Deutschen Edelstein-Gesellschaft, Idar 1911.

die bei niedrigen Wärmegraden nicht reagieren. Dazu
gehören der Kohlenstoff und der Stickstoff. Erhitzt man
ein Gemisch von Kalk und Kohle im elektrischen Wider-
standsofen, so verbindet sich das Kalzium mit dem
Kohlenstoff zu Kalziumkarbid, das bei diesem Prozeß   Kalzium-
eine grosse Energiemenge aufnimmt, die es, mit Wasser   karbid
in Azetylen verwandelt, wieder abgibt, wenn wir dessen
helleuchtende Flamme zu Beleuchtungszwecken verwenden. Die Karbid- und Azetylenindustrie hat in den
letzten 25 Jahren ausserordentliche Dimensionen angenommen.

Von weit grösserer wirtschaftlicher Bedeutung ist   Stickstoff-
das Problem der elektrothermischen Bindung des   bindung
Stickstoffs geworden, weil seine Verbindungen in
direkter Beziehung stehen zur Ernährung der Völker.

Um die Bedeutung dieser Frage zu würdigen, sei es
gestattet, ihr etwas näher zu treten.

Es ist bekannt, dass der zur Bildung der Eiweiss-
stoffe nötige gebundene Stickstoff zu den wichtigsten
Bestandteilen der Pflanzennahrung gehört und ebenso
wie Phosphorsäure und Kali dem Acker zugeführt werden muss, wenn er auf die Dauer Früchte tragen soll.
Daraus erklärt sich der steigende Bedarf der Kultur-
länder an gebundenem, für die Pflanzen assimilierbarem
Stickstoff. Liebigs Rat folgend, begann man in den
fünfziger Jahren zu diesem Zwecke den Chilesalpeter Chilesalpeter
zu verwenden, der neben dem Guano die Bedürfnisse
der Landwirtschaft an künstlichem Stickstoffdünger
lange Zeit fast ausschliesslich befriedigt hat. Im Jahre
1859 betrug die gesamte chilenische Ausfuhr nur 75 000
Tonnen. Sie stieg bis zum Jahre 1900 auf das Zehnfache
und beträgt gegenwärtig $2^1/_2$ Millionen Tonnen, wo-

8*

von der vierte Teil auf Amerika und drei Viertel auf Europa entfallen.*)

Ammoniak

Im Hinblick auf diesen Auslandstribut hat man in den letzten Jahrzehnten nach anderem assimilierbaren Stickstoff gesucht und fand eine ergiebige Quelle in den Steinkohlen, die einen Gehalt von 1—2 % gebundenem Stickstoff aufweisen, der aus Eiweissstoffen früherer Pflanzen stammt. Leider geht dieser kostbare Stoff bei allen offenen Feuerungen verloren, und auch beim Destillieren der Steinkohlen in den Gasanstalten und neuerdings in den Kokereien vermag man kaum den vierten Teil dieses Prozentgehaltes in Form von Ammoniak zu gewinnen. Auch sind keineswegs alle Kokereien auf die Ammoniakgewinnung eingerichtet.

Statt der bei einer gegenwärtigen Jahresförderung von 150 Millionen Tonnen Steinkohlen berechneten Stickstoffmenge von 2¼ Millionen Tonnen gewann man daher

---

*) Die Untersuchung der Salpeterlager in Chile hat ergeben, dass noch 220 Millionen Tonnen gewonnen werden können.

Die deutsche Landwirtschaft verbrauchte in 1000 t:

Düngemittel	1912	1888	Futtermittel	1912	1888
Chilisalpeter	650¹⁾	225	Kleie	6 000	2 250
Schwefels. Ammon.	500	50	Oelkuchen	1 500	450
Superphosphat	1 800	250	Abfälle von Mühlen	800	
Thomasmehl	2 200	250	Brauereien u.		
Kalisalze, rohe	3 000	160	Brennereien }	650	} 200
Düngekalk	800	} 500	Zucker- u. Stärkef.	800	
andere Düngemittel	500		Futtergetreide	14 000	6 200
Zusammen	9 450	1 435	Zusammen	28 250	9 100
i. W. v. Millionen M.	600	—	i. W. v. Millionen M.	2 500	—
—	—	—	hiervon v. Ausland bezogen	ca.80%	ca.20%

¹) Deutsche Gesamteinfuhr: 800 000 t; hiervon gingen 150 000 t an die Industrie zur Fabrikation von Kalisalpeter und Salpetersäure. Vergl. Waage, Chem. Ztg. 1913, 1570.

in Deutschland im Jahre 1911 nur 75 000 Tonnen oder
den dreissigsten Teil des in den geförderten Kohlen
vorhandenen Stickstoffes.

Noch 1874 waren die Gasanstalten genötigt, das
ammoniakhaltige Gaswasser in Ermangelung guter Auf-
bereitungsverfahren fortlaufen zu lassen. Erst Ende der
siebziger Jahre beginnt die Verwendung des schwefelsauren Ammoniaks in der Landwirtschaft. Die Einführung geschah nicht ohne Kampf, denn erst allmählich
erkannte man, dass der Salpeter zwar den Vorteil einer
schnellen Wirkung für sich in Anspruch nehmen konnte,
da die meisten Pflanzen den Stickstoff nur in Form von
Salpetersäure aufnehmen, dass aber gewisse Boden-
bakterien imstande sind, das Ammoniak allmählich zu
Salpetersäure zu oxydieren, dass es daher zwar langsamer, aber nachhaltiger wirkt.

Die Weltproduktion von schwefelsaurem Ammoniak
ist denn auch in den letzten Jahrzehnten ausserordentlich gestiegen. 1890 betrug sie 210 000 Tonnen, 1900
eine halbe Million und gegenwärtig beträgt sie 1,33 Millionen Tonnen. Hiervon wurden nach Angabe der Deutschen Ammoniak-Verkaufsvereinigung im Jahre 1912 in
Deutschland 492 000 Tonnen, mehr als der dritte Teil
der Weltproduktion, im Werte von 124 Millionen Mark
verbraucht. Nimmt man im Chilesalpeter einen Stickstoffgehalt von 15 % und im schwefelsauren Ammoniak
einen solchen von 20,5 % an, so überstieg im Jahre
1911 zum erstenmal der von der deutschen Landwirtschaft verwendete heimische Ammoniakstickstoff mit
75 000 Tonnen den ausländischen Salpeterstickstoff von
70 400 Tonnen, zu dem allerdings noch geringe Mengen
Ammoniakstickstoff vom Auslande bezogen wurden.

Koksöfen

In dem Masse, wie in den siebziger Jahren die deutsche Farbenindustrie emporwuchs, steigerte sich der Bedarf an Steinkohlenteer und seinen Destillationsprodukten, die, wie erwähnt, damals zum grössten Teil von England bezogen wurden, wo die Leuchtgasfabrikation einen viel grösseren Umfang angenommen hatte als bei uns. Erst mit der Einführung der Koksöfen, die sich wiederum mit der mächtigen Entwicklung der deutschen Eisenindustrie und ihren koksverschlingenden Hochöfen beständig vermehrten, konnte den Bedürfnissen der Teerindustrie und damit zugleich einer fortschreitenden Gewinnung von Ammoniak in der Hauptsache genügt und sowohl die deutsche Farbenindustrie wie die deutsche Landwirtschaft von englischer Bevormundung in Teerprodukten und Ammoniakdünger befreit werden.

Stickstoffbedarf der Landwirtschaft

So günstig sich diese Verhältnisse aber auch gestaltet haben, so ist doch nicht zu verkennen, dass die Ammoniakproduktion durch die Bedürfnisse des Leuchtgasbedarfs und der Eisenindustrie begrenzt ist. Wir sind also fast für die Hälfte des landwirtschaftlichen Stickstoffbedarfs noch mit einer Ausgabe für Chilesalpeter von rund 100 Millionen Mark auf das Ausland angewiesen. Wenn man aber weiter erwägt, dass wir jährlich für 2 Milliarden Mark landwirtschaftliche Produkte in Gestalt von Getreide, Futtermitteln usw. vom Auslande kaufen müssen, um unsere Bevölkerung zu ernähren, eine Ausgabe, die sich erheblich vermindern würde, wenn unsere Felder, deren Ertrag sich in den letzten vierzig Jahren bereits verdoppelt hat, durch weiter gesteigerte Stickstoffzufuhr intensiver bewirtschaftet werden könnten, so ist ein Bedürfnis nach weiteren Stickstoffquellen nicht von der Hand zu weisen. Obwohl die deutsche Landwirtschaft mehr Stickstoffdünger verbraucht, als irgendein anderes Land der Welt, so lässt sich leicht zeigen, dass sie noch erheblich grössere Mengen aufnehmen könnte. Der Stickstoffgehalt der deutschen Ernte wird auf 2,5 Millionen Tonnen geschätzt. Etwa 1,5 Millionen davon kehren durch natürliche Düngung in den Boden zurück, während eine Million Tonnen durch die Flüsse den Meeren zufliesst, um den Fischen als Nahrung zu dienen, oder auf andere Weise der Landwirtschaft verloren geht. Wenn nun auch durch die Gewitter eine nicht unbeträchtliche Menge Stickstoff in Form von salpetriger Säure gebunden und durch die Bakterien der Leguminosen erhebliche Mengen dem Boden aus der Luft zugeführt werden, so beträgt der in Form von Salpeter und Ammoniak zugeführte Stickstoff doch nur 150 000 Tonnen, also etwa den siebenten Teil jener Million. Wollte man aber auf den 180 Millionen Hektar deutschen Getreide- und Kartoffellandes rationelle Intensivwirtschaft betreiben, um jenen Auslandstribut an landwirtschaftlichen Produkten zu vermindern, so könnte man gut die zehnfache Menge des jetzt künstlich zugeführten Stickstoffdüngers unterbringen, ohne eine schädliche Konkurrenz auf dem Stickstoffmarkt befürchten zu müssen.

Unter diesen Umständen hat es nicht an Versuchen Luftsalpeter gefehlt, den Stickstoff, der uns in der Luft in ungemessenen Mengen zur Verfügung steht, auf synthetischem Wege in assimilierbare Form zu bringen, was noch dadurch eine erhöhte Bedeutung gewinnt, dass die chilenischen Salpeterlager in der Zeit von wenigen Menschenaltern erschöpft sein werden, und dass der jungfräuliche Boden Amerikas und anderer getreidebauender Länder mehr und mehr an Stickstoff verarmt.

Ist die technische Elektrolyse auf dem salz- und

kalireichen deutschen Boden erwachsen, so hatte die elektrothermische Salpetergewinnung in Norwegen, dem Lande der imposanten Wasserkräfte, ihre ersten technischen Erfolge. Denn die schon vor 130 Jahren von Cavendish beobachtete Verbrennung von Stickstoff und Sauerstoff, die ihre Rohprodukte aus der Luft nimmt, sie war lediglich eine Energiefrage. Es handelte sich darum, ein bestimmtes Luftquantum möglichst hoch zu erhitzen und rasch wieder abzukühlen. Die Norweger Birkeland und Eyde verwirklichten 1903 die praktische Durchführung dieses Problems. Als sie den Flammenbogen des elektrischen Ofens zwischen starken Elektromagneten zu einer sonnenähnlichen Scheibe von zwei Meter Durchmesser ausbreiteten, gelang es ihnen, die Energie von 1000 Pferdekräften in einem einzigen Apparat auf hindurchgeleitete Luft zu übertragen und sie dabei auf 2500 bis 3000 Grad zu erhitzen. Bald darauf fand Schönherr in der Badischen Anilin- und Sodafabrik zu Ludwigshafen eine andere Lösung dieses Problems, indem er den Lichtbogen nicht zu einer Scheibe ausblies, sondern im Innern eines mehrere Meter langen Rohres auseinanderzog, wodurch ohne Zuhilfenahme eines Magneten ebenfalls grosse Energiemengen auf ein abgeschlossenes Luftquantum übertragen werden konnten. Wird die so erhitzte Luft, um Rückzersetzungen zu vermeiden, rasch auf 600 Grad abgekühlt, so gelingt es, 1—2 Volumprozent zu Stickstoffoxyd zu verbrennen, das sich bei weiterer Abkühlung in Gegenwart von Wasser in eine 45—50prozentige Salpetersäure überführen lässt, die durch überschüssigen Kalk neutralisiert wird. So erhält man einen basischen Kalksalpeter mit einem Stickstoffgehalt von 15—20 %, der direkt in der Landwirtschaft verwendet wird. Die Verfahren sind von einer internationalen Gesellschaft übernommen worden, die mit 300 000 norwegischen Wasserpferdekräften 150 000 Tonnen Kalksalpeter, also etwa den zwölften Teil des Weltverbrauchs an Chilesalpeter, jährlich herzustellen beabsichtigt. Für Deutschland hat das Verfahren geringere Bedeutung, da das erforderliche Energiebedürfnis nur durch grosse und billige Wasserkräfte befriedigt werden kann.

Inzwischen ist aber das Problem der Stickstoffbindung noch in einer anderen Weise gelöst worden, die den Vorzug besitzt, nicht so grosse Energiekräfte zu benötigen, wenn sie andererseits auch nicht von so wohlfeilen Materialien ausgeht wie das erwähnte Verfahren. Der schon genannte Chemiker A. Frank machte in Gemeinschaft mit N. Caro die Beobachtung, dass das, wie bereits erwähnt, aus Kalk und Kohle im elektrischen Ofen entstehende Kalziumkarbid bei hohen Temperaturen aus sauerstofffreier Luft unter Kohlenstoffabscheidung Stickstoff aufnimmt und in Kalziumzyanamid übergeht, das bei einem Gehalt von 20 % assimilierbarem Stickstoff unter der Bezeichnung Kalkstickstoff direkt als Düngemittel verwendet werden kann. In verschiedenen Ländern Europas und Amerikas sind über 100 Millionen Mark in dieser neuen Industrie angelegt worden. Die Weltproduktion beträgt gegenwärtig 120 000 Tonnen jährlich, wovon auf Deutschland etwa der vierte Teil entfällt. Kalkstickstoff

Auch aber hiermit sind die Mittel nicht erschöpft, den Stickstoff der Luft für die Pflanzennahrung einzufangen. Die jüngste Lösung des Stickstoffproblems ist die Synthese des Ammoniaks aus seinen Elementen. Mit praktischem Erfolge ist sie zuerst von Haber im Karlsruher Laboratorium ausgeführt und dann von der Badischen Anilin- und Sodafabrik, die sich ebenfalls mit Synthetisches Ammoniak diesem Problem beschäftigt hatte, zur technischen Ausführung gebracht worden. Obwohl es bekannt war, dass sich Wasserstoff und Stickstoff unter gewissen Bedingungen in sehr geringen Mengen miteinander vereinigen, so hielt man die technische Darstellung des Ammoniaks aus seinen Elementen bisher für undurchführbar, weil die Trägheit des Stickstoffs bei niedrigen Temperaturen und seine geringe Verwandtschaft zum Wasserstoff bei hohen Temperaturen einen praktischen Erfolg auszuschliessen schienen. Haber gelang es jedoch, in Gegenwart gewisser reaktionsbeschleunigender Metalle, · wie Osmium, Uran u. a., und unter Drucken von 150 bis 200 Atmosphären bei Temperaturen von 500—550⁰ in der Tat einen Umsatz von 9 Volumprozent des Stickstoff-Wasserstoffgemisches zu erzielen. Stellt man einen Kreislauf her, in welchem das Gasgemisch unter dem genannten Druck an einer Stelle bei der Reaktionstemperatur der Einwirkung der Kontaktsubstanz und an einer andern Stelle einer starken Temperaturniedrigung ausgesetzt wird, so gelingt es, an dieser das gebildete Ammoniak in flüssigem Zustande dauernd abzuzapfen. Die Badische Anilin- und Sodafabrik ist bereits mit dem Bau einer grossen Betriebsanlage beschäftigt, und in der Tat scheint dieses Verfahren berufen zu sein, die Stickstofffrage ihrer Lösung um einen bedeutenden Schritt näher zu bringen. Es besitzt vor den vorher genannten den Vorzug, dass es nicht an grosse elektrische Energien gebunden ist, und dass die Bildung aus den Elementen eine sehr einfache Reaktion ist. Allerdings müssen diese in möglichster Reinheit zur Verfügung stehen. Aber auch hierfür hat die Industrie schon vorgesorgt. Es ist bereits der Tatsache gedacht worden, dass Chlor, Wasserstoff und Sauerstoff in grossem Massstabe

Handelsprodukte geworden sind, die teils in flüssigem
Zustande, teils unter Drucken bis zu 150 Atmosphären
in den Verkehr gebracht werden. Namentlich das Sauer-
stoffbedürfnis war es, das im Laufe der letzten zehn
Jahre zu einer bewundernswürdigen neuen Industrie der
komprimierten Gase geführt hat, die auf den Kompri-
Schöpfer der modernen Kälteindustrie, Carl von Linde mierte Gase
in München, zurückzuführen ist.

Der Sauerstoff wird im grossen fast ausschliesslich
durch fraktionierte Destillation flüssiger Luft gewonnen,
die bei Temperaturen von 180 bis 200 Kältegraden in
ihre Hauptbestandteile Stickstoff und Sauerstoff zerlegt
wird. Da man für den vom Sauerstoff abdestillierten
Stickstoff bisher kaum Verwendung hatte, so kommt
er dem neuen Ammoniakverfahren besonders gelegen.
Auch der Wasserstoff wird für diesen Zweck auf ähnliche Weise gewonnen, indem man nach dem Vorgange
von Frank und Caro das gewöhnlich als Wassergas
bezeichnete Gemisch von Wasserstoff und Kohlenoxyd,
das man in etwa gleichen Raumteilen erhält, wenn man
Wasserdampf über glühende Kohlen leitet, einer fraktio-
nierten Destillation unterwirft. Da die Siedepunkte dieser
Gase bei —253° und —192°, also um 61° auseinander-
liegen, so lassen sie sich in dem Lindeschen Apparat
ohne Schwierigkeit trennen. Der Wasserstoff wird vom
flüssigen Kohlenoxyd abdestilliert, dessen Heizkraft zum
Treiben der Kompressionsmaschinen ausgenutzt wird.
Man sieht, dass man für die neueste Ammoniakerzeugung
nichts als Luft, Wasser und Kohle braucht, und dass
viel Aussicht vorhanden ist, das Verfahren in Deutschland, dem kohlenreichsten Lande Europas, in grösstem
Massstabe durchzuführen und so den Energieinhalt der
fossilen Reste weit zurückliegender Pflanzengenerationen

44

unserer Landwirtschaft und der Ernährung unseres Volkes dienstbar zu machen.

Salpetersäure Da man schliesslich das Ammoniak nach einem Verfahren von K. F. Kuhlmann*) mit Luft in Gegenwart von Platin zu Salpetersäure verbrennen kann, so ist auch die Möglichkeit gegeben, aus heimischen Produkten die Salpetersäure zu gewinnen, deren deutsche Jahresproduktion im Werte von 35 Millionen Mark gegenwärtig ausschliesslich aus Chilesalpeter stammt.

Sprengstoffe Diese bedeutenden Mengen Salpetersäure werden zum grossen Teil in der Industrie der Teerfarbstoffe, aber in noch grösserem Massstabe in der Sprengstoffindustrie verbraucht, die in den letzten 25 Jahren in Deutschland eine gewaltige Umwälzung erfahren hat.

Schwarz-pulver Das alte Schwarzpulver besteht bekanntlich aus einem Gemisch von leicht zündbarem Schwefel, brennbarer Kohle und sauerstoffabgebendem Salpeter, das auch bei feinster Mahlung doch immer nur ein rohes Gemenge bildet und verhältnismässig langsam abbrennt. Die heutige Sprengstofftechnik verwendet Stoffe, die die zur Verbrennung geeigneten Elemente im Molekül selbst vorrätig haben. Das Verbrennungsmaterial besteht aus Kohlenstoff und Wasserstoff, die von dem im Molekül verfügbaren Sauerstoff gleichsam durch eine Stickstoffwand getrennt sind. Die Rolle des zündenden Schwefels übernimmt hier die sogenannte Initialzündung, meistens aus einer sehr geringen Knallquecksilbermenge bestehend, die bei der Detonation auf einen Teil des Sprengstoffs einen so heftigen Schlag ausführt, dass die Stickstoffwand zerschmettert wird und unter plötz-

---

*) Ann. d. Chem. u. Pharm. 1839. 29. 280.

licher Auslösung grosser Wärmemengen eine innere Verbrennung vor sich geht, die sich durch die ganze Masse fortpflanzt. Während 1 kg Schwarzpulver in $^1/_{100}$ Sekunde abbrennt, kann man dieselbe Menge Schiessbaumwolle in $^1/_{60\,000}$ Sekunde in gasförmige Verbrennungsprodukte von hoher Temperatur verwandeln, wobei momentan eine ungeheure Spannkraft entsteht. Die von dem Württemberger Schönbein in Basel und Chr. Böttger in Frankfurt a. M. schon 1846 entdeckte, durch die Einwirkung von Salpetersäure auf Baumwolle in Gegenwart starker Schwefelsäure entstehende Schiess-baumwolle hat jedoch erst in den achtziger Jahren als wirkliches Schiessmittel Verwendung gefunden, nachdem es gelungen war, die erwähnte, für Schiesswaffen ungeeignete grosse Verbrennungsgeschwindigkeit zu mässigen und den ballistischen Anforderungen der Waffentechnik genau anzupassen. Dies geschah, indem man der Schiessbaumwolle ihre faserige Struktur nahm und sie durch sogenannte Gelatinierung mit gewissen Lösungsmitteln, wie Azeton, Essigäther, Aetheralkohol u. a., in eine plastische, beliebig formbare Masse verwandelte. Noch einen Schritt weiter ging der geniale, durch seine grossartigen Preisstiftungen bekannte Schwede Alfred Nobel, dem die Sprengstofftechnik bereits das Dynamit verdankte, als er statt jener Gelatinierungsmittel selbst einen starken Sprengstoff, das Nitroglyzerin, verwendete, wodurch nun ausserordentlich brisante Schiess- und Sprengmittel gewonnen wurden.*)

Da man es bei der Baumwolle mit einem nicht immer ganz gleichartigen Naturprodukt zu tun hat, und

*) Vgl. B. Lepsius. Das alte und das neue Pulver. Verh. der Vers. deutscher Naturforscher und Aerzte. Leipzig. 1891. I. 17.

die Schiessbaumwolle, namentlich in der Tropentemperatur, eine beständige Neigung zu langsamer innerer Zersetzung besitzt, die je nach dem verwendeten Material und der angewandten Herstellungsmethode verschieden ist, so spielen die Mittel zur Bekämpfung und Einschränkung dieser Tendenz, die sog. Stabilisatoren, für die Haltbarkeit und Zuverlässigkeit des Pulvers eine grosse Rolle. Es hat den Anschein, dass dieser Frage nicht überall die unerlässliche Sorgfalt gewidmet worden ist, denn die Unglücksfälle der französischen Panzerschiffe „Jena" und „Liberté" sind aller Wahrscheinlichkeit nach auf die Vernachlässigung dieser Frage zurückzuführen, um deren Lösung sich der deutsche Sprengstoffchemiker W. Will in der Zentralstelle für wissenschaftlich-technische Untersuchungen zu Neubabelsberg, einem von den vereinigten deutschen Sprengstofffabriken geschaffenen Forschungsinstitut, grosse Verdienste erworben hat. Man wird dabei an einen Ausspruch des Fürsten Bismarck erinnert, der im Jahre 1889 über die staatserhaltende Rolle der Chemiker sagte, dass sie es seien, die in letzter Richtung über Krieg und Frieden entscheiden und z. B. bei schlechter Herstellung des Pulvers und anderer Ausrüstungsgegenstände des Gegners denselben unter Umständen zwängen, das Schwert in der Scheide zu lassen.*)

Eine andere Klasse von brisanten Sprengstoffen sind die hochnitrierten Benzolkohlenwasserstoffe. Die Pikrinsäure, ein dreifach nitriertes Phenol, wurde im Jahre 1771 von dem Erfinder der zweihalsigen Flasche P. Woulfe in London bei der Behandlung von Indigo mit Salpetersäure beobachtet. 1881 wurde sie, nach-

---

*) Ztschr. ang. Chem. 1913, 26, wirtschaftl. Th. S. 166.

dem sie lange als schöner gelber Farbstoff zum Gelb-
und Grünfärben von Seide, Wolle und Papier benutzt
worden war, zuerst in Frankreich als Melinit zur
Füllung von Granaten verwendet. Neuerdings ist sie
durch das Trinitrotoluol ersetzt worden, das im
Jahre 1891 von C. Haeussermann als Granatfüllung
vorgeschlagen und 1900 von der Chemischen Fabrik
Griesheim-Elektron in den Grossbetrieb eingeführt
wurde.

Diese brisanten Sprengstoffe haben sowohl in der
Kriegstechnik wie auch im Berg- und Tunnelbau grosse
Wandlungen hervorgerufen. Die wichtigsten Folgen
ihrer Einführung waren für die Schiesstechnik die Ver-
kleinerung der Geschosse, die Vergrösserung ihrer
Anfangsgeschwindigkeit und eine Streckung der Flug-
bahn; für den Bergbau eine eminente Vermehrung der
Sprengwirkung; für den Strassen- und Tunnelbau endlich
eine erhebliche Abkürzung der Bauzeit und eine Er-
mässigung der Baukosten. Die Bedeutung solcher Er-
sparnisse für den deutschen Bergbau ergibt sich aus
der Tatsache, dass allein die Westfälische Kohlen- und
Erzförderung in den letzten 25 Jahren von 34 auf 100
Millionen Tonnen gestiegen ist und gegenwärtig einen
Wert von 1035 Millionen Mark aufweist.

Diese brisanten Sprengstoffe sind allerdings im
Kohlenbergbau wegen ihrer hohen Verbrennungstem-
peraturen und der damit verbundenen Zündungsgefahr
schlagender Wetter nicht überall verwendbar. Man benutzt hier sog. schlagwettersichere Sprengstoffe, die
meist aus einem Gemisch von Ammoniaksalpeter und
organischen Nitrokörpern mit gewissen weiteren Zu-
sätzen bestehen und durch niedrige Verbrennungstempe-
raturen ausgezeichnet sind. Sie haben ferner die Eigen-

Brisante
Sprengstoffe

Sicherheits-sprengstoffe schaft, nur durch Initialzündung zum Explodieren gebracht zu werden, ohne diese aber gegen Zündung, Stoss und Schlag unempfindlich zu sein, und werden daher im Stückgutverkehr, wie jede andere Ware, versandt, was zu ihrer Verbreitung in hohem Masse beigetragen hat. Wenn damit die Gefahren erheblich vermindert werden könnten, so sind sie doch immer noch nicht völlig besiegt.*) Es ist bekannt, dass der Kaiser gerade der Bekämpfung der Schlagwettergefahr seine besondere Aufmerksamkeit zugewandt hat; ein neuer Ansporn für die Wissenschaft, auch auf diesem Gebiete der Volkswohlfahrt das dringend erwünschte Ziel der weitgehenden Abwendung dieser Unglücksfälle zu erreichen.**)

*) Wenn sich diese Gefahren im Kampfe mit den Naturgewalten auch niemals ganz werden beseitigen lassen, so ist doch anzuerkennen, dass Deutschland bei ihrer Bekämpfung an erster Stelle steht. Der deutsche Bergbau gibt etwa 33,5 Millionen Mark für die Unfallverhütung aus, das sind etwa 14 Prozent des Lohnes, während sonst für soziale Fürsorge etwa 8 Prozent ausgegeben werden. Die Unfallstatistik der letzten 25 Jahre zeigt, dass auf 1000 Bergarbeiter in dem Zeitraum 1888—1900 2,6 (gegen 3,5 in Amerika), in dem Zeitraum 1901—1911 2,1 Unfälle kamen. Von diesem Prozentsatz ist jedoch nur ein kleiner Teil auf chemische Ursachen zurückzuführen, da von 100 Unfällen 43 durch Steinkohlensturz bedingt sind, 37 bei der Förderung und Fahrung eintreten und sich nur 3 durch Schiessarbeiten und 3 durch Explosionen ereignen. Das macht auf 1000 Arbeiter 0,13 chemisch verursachte Unfälle. (Tübben, Die Gefahren des Bergbaus und ihre Bekämpfung. Ztschr. ang. Chem. 1913, 26, wirtschaftl. T., S. 167.)

**) Dem im Jahre 1912 bei der Eröffnung der Dahlemer Forschungsinstitute vom Kaiser geäusserten Wunsche, die Sicherheit des Bergmanns gegen diese Gefahr durch geeignete Instrumente zu erhöhen, scheint die Habersche Schlagwetterpfeife bereits entgegen gekommen zu sein, die auf der Interferenz der Töne in reiner und grubengashaltiger Luft beruht und mit Hilfe der dem Ohr vernehmlichen Tonstösse den Gehalt der Grubenluft an Methan genau zu bestimmen gestattet.

Man darf annehmen, dass die gesamte Sprengstoff-
produktion in Deutschland 40 Millionen kg beträgt.
Hiervon dürften etwa 10 Millionen auf Dynamitspreng-
stoffe, 16 Millionen auf Ammoniaksalpetersprengstoffe
und 14 Millionen auf Schwarzpulver und andere Explo-
sionsstoffe zu rechnen sein.*) Die Mehrausfuhr des
Deutschen Reiches an Sprengstoffen betrug im Jahre
1908 19 Millionen, im Jahre 1912 60 Millionen Mark.**)

In den Vereinigten Staaten von Nordamerika wurde
die Sprengstofffabrikation für das Jahr 1905 zu 165 Millionen kg angegeben. Inzwischen haben die Staaten
in dem Panamakanal, unter Verwendung von über
60 Millionen kg Dynamitsprengstoffen, die an Ort und
Stelle fabriziert wurden und mit einem Kostenaufwand
von 1700 Millionen Mark, eines der grössten Kultur-
werke vollendet, dessen Durchführung in dem Culebra-
Einschnitt allein die Fortschaffung von 72 Millionen
Kubikmeter Felsmassen erforderte.

Die Weltproduktion darf heute auf 400 Millionen kg,
der zehnfachen Menge der deutschen Sprengstofferzeu-
gung, geschätzt werden.

---

*) In Deutschland wurden gefertigt:

	Dynamitsprengstoffe kg	Ammoniaksalpetersprengstoffe kg
1867 ca.	11 000	0
1880 „	1 900 000	} nicht
1890 „	4 938 000	} erheblich
1909 „	8 000 000	10 000 000
1912 „	10 000 000	16 000 000

(W. Will. Ueber Sprengmittel, Wien, 1910. S. 15.)

**) Chem. Ind., 1913, 36. Protokoll der Hauptversammlung S. 71.

Künstliche Seide

Von der formbaren gelatinierten Schiessbaumwolle ist im Laufe der letzten 25 Jahre noch eine andere grosse Industrie ausgegangen. Die auf der Pariser Ausstellung von 1889 vom Grafen de Chardonnet ausgestellte, aus Baumwolle gefertigte künstliche Seide machte durch den die natürliche übertreffenden Glanz ihrer Faser Aufsehen. Eine Lösung von nitrierter Baumwolle oder Holzcellulose in einem Gemisch von Alkohol und Aether hatte er durch capillare Glasöffnungen in Wasser gepresst, das dem erzeugten Strahl das Lösungsmittel entzog und ihn zu einem Faden gerinnen liess, der von Spulen aufgenommen wurde. Er gewann auf diese Weise Fäden, deren Feinheit und Glanz von der Dichte der Lösung, der Grösse der Oeffnungen, der Höhe des Pressdruckes und der Umdrehungszahl der Spule abhing. Um dieser gesponnenen Schiessbaumwolle die Feuergefährlichkeit zu nehmen, denitrierte er sie durch Schwefelammonium, wodurch der hohe Glanz der Fäden nicht beeinträchtigt wurde.

In Deutschland wurde das Verfahren durch F. Lehner verbessert, gleichzeitig aber fand man andere Wege, die Baumwolle zu formen, indem man andere Lösungsmittel der Cellulose heranzog. Durch Auflösen in Kupferoxydammoniak gewann man die sogenannte Kupferseide und durch die Einwirkung von Schwefelkohlenstoff in Gegenwart von Alkali oder Kalk die Viscoseseide. Endlich erhielt man durch Einwirkung von Essigsäure auf Cellulose die Acetatseide. Die Kunstseide steht der aus einem Eiweissstoff bestehenden Naturseide an Festigkeit, Elastizität und Feinheit nach, übertrifft sie aber an hohem Glanz, der sie für Stoffe, bei denen es mehr auf diesen als auf die Haltbarkeit ankommt, geeignet macht. Wenn daher auch die Seiden-

raupe ihr Feld behaupten wird, so hat die Kunstseide
doch grosse Gebiete der Textilindustrie erobert, zumal
die geformte Cellulose auch als künstliches Rosshaar,
als Isoliermittel für elektrische Leitungsdrähte, zur Imi-
tation von Hartgummi, Guttapercha und Leder und zur
Herstellung von photographischen Films mannigfache
andere Verwendungsgebiete gefunden hat. Zu kinemato-
graphischen Zwecken ist besonders die Azetatcellulose
zu empfehlen, die schwerer verbrennlich ist und daher
grössere Sicherheit bietet.*)

Der Kilopreis der Kunstseide, der 1898 noch 50 Mark
betrug, ist inzwischen erheblich zurückgegangen und
beträgt gegenwärtig 10—15 Mark, je nach den Eigenschaften der verschiedenen Produkte. Die Weltproduktion wird mit 7 Millionen Kilogramm angegeben. Davon
entfiel bis vor kurzem etwa die Hälfte auf das Nitro-
cellulose-Alkoholverfahren, die andere Hälfte auf die
Kupfer-, Viscose- und Acetatverfahren; während in der
letzten Zeit eine wesentliche Verschiebung zugunsten
der letzteren eingetreten ist.

Die Produktion Deutschlands, das den grössten Ver- Schädliche
brauch an Kunstseide hat, beträgt etwa 2 Millionen kg Wirkung der
im Werte von 24 Millionen Mark, wovon etwa 600 000 kg Alkohol-
ausgeführt werden. Gleichwohl bezieht Deutschland aber steuer
noch 1 800 000 kg, und zwar hauptsächlich „Alkohol-
seide", vom Auslande, während die ausgeführte Kunstseide vornehmlich den anderen Sorten angehört.

---

*) Der Verbrauch von Kinematographenfilms wird gegen-
wärtig in Europa auf 100 Millionen Meter geschätzt; der amerikanische Bedarf dürfte diese Zahl noch übertreffen. In Deutschland hat sich die unter der Leitung von F. Oppenheim stehende
Aktiengesellschaft für Anilinfabrikation zu Berlin dieses neuen
Industriezweiges besonders angenommen.

Der Grund für diese erhebliche Einfuhr liegt in der
Tatsache, dass die deutschen Fabriken, die diese Alkohol-
seide herstellen, obwohl sie in der ersten Zeit glänzende
Einnahmen hatten, bei den heutigen Alkoholpreisen mit
dem Auslande nicht konkurrieren können. Während
nämlich auf dem Weltmarkt für den Hektoliter Alkohol
32 Mark bezahlt werden, kostet er wegen der Spiritus-
steuer im Inlande 79 Mark. Wenn nun den Kunstseide-
fabriken hierauf auch eine Rückvergütung von 10 Mark
bewilligt wurde, so ist doch inzwischen von den drei
Alkoholseidefabriken in Deutschland die eine vor kurzer
Zeit eingegangen; eine andere, die früher über 30 % Dividende zahlte, hat in den letzten zwei Jahren Verluste
von über 2 Millionen Mark gehabt, und die dritte kann
nur durch eine besondere Qualitätsware höhere Preise
als das Ausland erzielen. Auch eine am 1. Oktober 1912
durch Reichstagsbeschluss erfolgte Verdoppelung der
Steuerrückvergütung auf 20 Mark hat diesen Prozess
nicht aufgehalten, da auch damit der Preisausgleich noch
nicht erreicht wurde. Dazu kommt, dass Deutschland
die Auslandsprodukte mit einem Zoll von 30 Pfennig
hereinlässt, während z. B. Frankreich seine Kunstseide
mit einem Eingangszoll von 9,60 Francs schützt.

Der Verfasser würde der Aufgabe dieser Denkschrift
nicht gerecht werden, wollte er nur der industriellen
Lichtseiten gedenken, er musste daher auf diese Schädi-
gung einer blühenden Industrie hinweisen, durch die
jährlich etwa 20 Millionen Mark in das Ausland gehen.

Demgegenüber finden wir in den Aufzeichnungen
J. van't Hoffs über eine Abendgesellschaft im Königlichen Schlosse zu Berlin im Jahre 1902, wo sich die
Unterhaltung über viele naturwissenschaftliche und technische Dinge bewegte, wie über die Entstehung des

Nordlichtes, über die Wasserreinigung durch Ozon, über die, bekanntlich der Initiative des Kaisers zu verdankende, moderne Entwicklung der Spiritusindustrie, über die Seezeichenbeleuchtung, über neue Kartuschenhüllen aus Schiessbaumwolle und schliesslich über die Bereitung der Kunstseide, den folgenden Satz:

„Der Kaiser war sehr begeistert für das Verfahren und sagte, es wäre stets sein Bestreben, Deutschland soviel als möglich von auswärtigen Rohmaterialien unabhängig zu machen. Er hoffte, dass es möglich sein würde, durch diese Kunstseide die französische Seide sowie die amerikanische Wolle zu entbehren." Unsere zuungunsten der Industrie häufig einseitig beeinflusste Steuergesetzgebung lässt diesen patriotischen Standpunkt leider manchmal vermissen.

Während die Salpetersäure in der Regel nicht wegen ihres sauren Charakters, sondern vielmehr wegen ihrer oxydierenden und nitrierenden Eigenschaften verwendet wird, ist die Schwefelsäure die Säure par excellence. Sie wird daher in den Industrien und Gewerben in fast der zehnfachen Menge verwendet. Von der Weltproduktion, die gegenwärtig auf 5 Millionen Tonnen geschätzt wird, kommt auf Deutschland der vierte Teil mit 1 250 000 Tonnen im Werte von 30—40 Millionen Mark.*)

Bis zum Ende des vorigen Jahrhunderts ist diese Fabrikation eine der konservativsten gewesen; seit dem Jahre 1746 hat man die Säure in den bekannten Bleikammern gewonnen. Die heutige Gewinnung wird von dem sogenannten Kontaktverfahren beherrscht, dessen Einführung durch die Badische Anilin- und Soda-

Schwefel-säure

---

*) C. Duisberg. Die Wissenschaft und Technik in der chemischen Industrie. München, 1911, S. 6.

fabrik mit der Herstellung von künstlichem Indigo im
Zusammenhange steht. Als man in Ludwigshafen im
Begriffe war, vom Naphthalin ausgehend, die Erzeugung
von künstlichem Indigo ins Leben zu rufen, fand H. E.
Sapper in der heissen konzentrierten Schwefelsäure das
billigste Mittel, um das Ausgangsprodukt zu Phtalsäure
zu oxydieren.*) Wollte man aber dieses Verfahren
durchführen, so musste man jährlich 40 000 Tonnen der
bei der Oxydation entstehenden gasförmigen schwefligen
Säure in konzentrierte Schwefelsäure zurückverwandeln.
Diese Aufgabe löste R. Knietsch, der das schon 1875
von Clemens Winckler vorgeschlagene Verfahren, die
schweflige Säure in Gegenwart von fein verteiltem Platin
mit Sauerstoff zu vereinigen, so weit ausbildete, dass
heute die konzentrierte Schwefelsäure nur nach dem
Kontaktverfahren gewonnen wird. Seitdem hat man
nicht nur die Bleikammern, soweit sie nicht noch für
dünne Säuren verwendet werden, sondern vor allem
auch die kostspieligen Gold- und Platinkessel abge-
schafft, in denen früher die Kammersäure konzentriert
wurde, und die das Apparaten-Konto mancher Schwefel-
säurefabrik mit mehr als einer Million Mark belasteten.**)
Die jährliche Produktion der Kontaktsäure beträgt
gegenwärtig etwa 400 000 Tonnen.

---

*) Vgl. H. Brunck. Ber. d. d. chem. Ges., 1900, 33, 3. Sonder-
heft.

**) Die durch das Kontaktverfahren herbeigeführte Abschaffung
der Platinkessel in den Schwefelsäurefabriken ist von erheblicher
finanzieller Bedeutung, da der Platinpreis seit dem Jahre 1880
fast um das Zehnfache gestiegen ist. Der Kilopreis des Platins
betrug:

1880	650.— M.	1907	3200.— M.
1885	950.— „	1909	3600.— „
1895	1400.— „	1910	5200.— „
1905	2700.— „	1912	6200.— „

Ein beträchtlicher Teil der in Deutschland aus spani- Schwefel-
schen Schwefelkiesen erzeugten Schwefelsäure wird zur säure aus
Herstellung des schon erwähnten schwefelsauren Am- Steinkohlen-
gas
moniaks verwendet. Da sie aber dem Ammoniak nur
als Vehikel dient und für die Pflanzennahrung keine
Bedeutung hat, so geht dieser in Deutschland auf 300 bis
400 000 Tonnen Kammersäure zu schätzende Anteil volks-
wirtschaftlich völlig verloren.

Nun befindet sich in den Steinkohlengasen reichlich so viel Schwefel, dass man daraus diese ganze
Schwefelsäure bestreiten könnte, wenn man mit seiner
Hilfe das Ammoniak direkt in schwefelsaures Ammoniak
überführt. Fast seit Beginn der Fabrikation des Leucht-
gases hat man, da es ohnedies entschwefelt werden
muss, dieses Problem im Auge. Es scheint, dass es
neuerdings durch ein Verfahren von Walther Feld
über die Bildung von Polythionaten in einfacher Weise
gelöst worden ist. In Deutschland allein würde dadurch
die genannte Menge Schwefelsäure im Werte von 8 Millionen Mark jährlich erspart werden können.

* * *

Wenden wir uns nunmehr den wirtschaftlichen Er- Technik und
folgen der Chemie des Steinkohlenteers zu, so braucht Wissenschaft
kaum erwähnt zu werden, dass sie in der Industrie der
künstlichen Farbstoffe in Deutschland zu den höchsten
wissenschaftlichen und technischen Triumphen geführt
hat. Dies konnte jedoch nur dadurch geschehen, dass
seit den Untersuchungen A. W. Hofmanns über das
Anilin und seit seiner Entdeckung des Benzols im
Steinkohlenteer diese Industrie in inniger Verbindung
mit der wissenschaftlichen Forschung geblieben ist.

Diese untrennbare Verknüpfung der Technik mit
der Wissenschaft brachte es mit sich, dass die Industrie
in ihren Fabriken selbst wissenschaftliche Laboratorien

errichtete, deren Ausstattung und Ausdehnung mit den akademischen Arbeitsstätten wetteifern. In einzelnen Werken sind Hunderte von Chemikern beschäftigt, neue Synthesen zu erforschen, neue Verfahren zu erfinden, neue Gebiete zu erschliessen oder die Wege schon bekannter Gebiete gangbar zu machen, durch stete Verbesserung und Vereinfachung der bestehenden Verfahren.

Dieser Stab akademisch gebildeter Mitarbeiter bildet einen integrierenden Bestandteil der deutschen chemischen und insbesondere der Farbenindustrie, und wir können daher aus der Zunahme ihrer Anzahl einen Schluss ziehen auf die mächtige Entwicklung dieser Industrie, wenn wir beispielsweise aus dem Berichte über die am 4. Januar 1913 begangene Halbjahrhundertfeier der Farbwerke vorm. Meister Lucius und Brüning zu Höchst a. M. erfahren, dass die Zahl der dort angestellten Chemiker in den letzten 25 Jahren von 57 auf 307 angewachsen ist. In derselben Zeit vermehrte. sich die Arbeiterzahl von 1860 auf 7680, denen im Jahre 1912 ein Lohn von 8 600 000 Mark gezahlt wurde.*)

---

*) In den Höchster Farbwerken kamen im Jahre 1912 auf 7680 Arbeiter 1366 Beamte (374 Aufseher, 307 Chemiker, 74 Techniker und 611 Kaufleute, ohne die Vertretungen); somit kommen auf einen Beamten 5—6 Arbeiter. Nach W. von Oechelhäuser (Technische Arbeit einst und jetzt, Berlin 1906) kommen auf einen Beamten in

Stahl- und Hüttenwerken etwa	30—26	Arbeiter
Spinnereien	„	18—15	„
Webereien	„	12—10	„
Schiffswerften	„	16— 8	„
Maschinenfabriken	„	12— 4	„
Gasgesellschaften	„	9— 4	„
Chemischen Fabriken	„	7— 6	„

Die Badische Anilin- und Sodafabrik zu Ludwigshafen, die grösste chemische Fabrik Deutschlands und der Welt, beschäftigt gegenwärtig 11000 Arbeiter, Aufseher und Meister.

Es würde die Aufgabe dieser Denkschrift weit überschreiten, wollten wir den Versuch machen, den Werdegang der Farbenindustrie vor uns aufzurollen; ist doch beispielsweise allein in den genannten Höchster Werken die Anzahl der einzelnen Farbstofftypen im Laufe der letzten 25 Jahre von 1700 auf 11000 angestiegen. Wir müssen uns vielmehr darauf beschränken, einzelne Seiten dieser glänzenden Entwicklungsgeschichte aufzuschlagen, auf denen die volkswirtschaftliche Bedeutung dieser Industrie unsern Blick fesselt. Auf den ersten Blättern finden wir Mitteilungen über das Fundament der Farbenchemie, die Industrie des Steinkohlenteers. *Steinkohlenteerindustrie*

Wir erfahren, dass nach neueren Schätzungen der gesamte Steinkohlenvorrat Europas etwa 700 Milliarden Tonnen beträgt, und sind beruhigt, dass davon 400 Milliarden auf Deutschland entfallen,*) und dass, die jetzige Jahresförderung von 160 Millionen Tonnen (etwa fünfmal soviel wie vor 40 Jahren) zugrunde gelegt, unser *Steinkohlenvorrat*

---

*) Nach im Auftrage der Preussischen Geologischen Landesanstalt vorgenommenen Untersuchungen über die Stein- und Braunkohlen-Vorräte des Deutschen Reiches von H. E. Böker (Glück Auf, 1913, 49, 1045 u. 1085) betragen nach der gegenwärtigen Kenntnis die Steinkohlenvorräte 410 Milliarden Tonnen, wovon 95 Millarden sicher, 227 Milliarden ausserdem wahrscheinlich und 88 Milliarden noch möglicherweise vorhanden sind. Von Braunkohlenvorräten sind sicher 9,3 Milliarden und noch wahrscheinlich 4,1 Milliarden vorhanden, zusammen 13,4 Milliarden Tonnen.

Vorrat noch 2500 Jahre reichen würde,[*]) während die entsprechende Zeit für England nur auf 700 Jahre, für Nordamerika auf 1700 Jahre geschätzt wird.[**])

Leuchtgas   Die Destillation der Steinkohlen begeht gegenwärtig in Deutschland ihre Zentenarfeier. Gerade 100 Jahre ist es her, dass der Professor der Chemie in Freiberg W. A. Lampadius sein Haus mit Steinkohlengas beleuchtete. Anfangs der sechziger Jahre wurden bereits 60 Millionen Kubikmeter Leuchtgas in Deutschland fabriziert. In den achtziger Jahren stieg diese Zahl auf 400 und 1900 auf 1200 Millionen, und gegenwärtig beträgt die Jahresproduktion der deutschen Gaswerke 2½ Milliarden Kubikmeter. Zu ihrer Herstellung werden 7 800 000 Tonnen Steinkohlen im Werte von 90 Millionen Mark verbraucht, von denen etwas über 25 % aus England stammen. Bei einem Verkaufspreis von 12 Pfennig hat diese Gasmenge einen Wert von 300 Millionen Mark, während gleichzeitig 4 Millionen Tonnen Koks für 62 Millionen Mark, 390 000 Tonnen Teer für 11 Millionen, Ammoniakprodukte für 17 Millionen und andere Nebenprodukte für eine Million Mark gewonnen werden.[***])

---

[*]) C. Engler. Ueber Zerfallprodukte in der Natur. Verh. d. Ges. d. Naturf. und Aerzte. Leipzig. 1911. I. S. 53.

[**]) Die Kohlenförderung im Ruhrgebiet betrug zu Anfang des vorigen Jahrhunderts etwa 230 000 Tonnen, 1850 1,66 Millionen, 1860 4,36 Millionen, 1900 60,12 Millionen und 1909 82,80 Millionen Tonnen. Insgesamt wurden 1912 in Deutschland 160,74 Millionen Steinkohlen im Werte von 1,57 Milliarden Mark und 73,76 Millionen Tonnen Braunkohlen im Werte von 183,36 Millionen Mark gefördert.

[***]) A. Samtleben, Leuchtgas in chemischer, hygienischer und wirtschaftlicher Beziehung. Ztschr. ang. Chemie 1912, 25, 2648.

Das in den deutschen Gasanstalten angelegte Kapital beträgt 1,3 Milliarden Mark. In den grossen Städten kommen auf den Kopf der Bevölkerung etwa 100 Kubikmeter im Jahre. Der Etat der Berliner Gaswerke macht mit 60—70 Millionen Mark mehr als ein Sechstel des Etats der Reichshauptstadt aus. Von den 1700—1800 deutschen Gaswerken befinden sich etwa 25% der Zahl nach und 10% der Produktion nach im Besitze privater Gesellschaften mit einem Kapital von 190 Millionen Mark; die übrigen Werke befinden sich im Besitz von Kommunen, für die sie zur Bestreitung wichtiger Aufgaben eine willkommene Einnahmequelle bilden. Gleichwohl wäre es im Interesse der Industrie zu wünschen, dass sich dieses Verhältnis nicht weiter vermindere, da die Privatunternehmungen der Einführung grosszügiger Verbesserungen erfahrungsgemäss leichter zugänglich sind als die von einem komplizierten Verwaltungsmechanismus abhängigen kommunalen Werke.

Schon bei der Entwicklung der Ammoniakindustrie haben wir darauf hingewiesen, wie die Destillation der Steinkohle nicht allein von den Gasanstalten, sondern in steigendem Masse auch von den durch die wachsenden Koksbedürfnisse der Eisenindustrie ins Leben gerufenen Kokereien aufgenommen wurde. Dadurch stieg die Teerproduktion Deutschlands in den Jahren 1883 bis 1909 von 85 000 auf eine Million Tonnen, wovon etwa 90% auf einzelne Teerprodukte weiter verarbeitet wurden, von denen Benzol, Toluol, Phenol, Naphthalin und Anthrazen als die für die Farbenindustrie wichtigsten zu nennen sind.

Das Verdienst, die Grossindustrie der Teerdestilla- **Teerdestillation** tion in Deutschland begründet und dadurch die Farbenindustrie in der Anschaffung ihres Rohmaterials von

England unabhängig gemacht zu haben, gebührt Julius Rütgers. Seiner Energie ist es zu danken, wenn die deutsche Teerindustrie, deren Produktion im Jahre 1900 nur die Hälfte der englischen betrug, im Laufe von 12 Jahren England eingeholt, wenn nicht überflügelt hat, obgleich dort eine viel grössere Produktionsmöglichkeit besteht als in Deutschland. Bei der Wichtigkeit des Teers, dieses Gemisches zahlreicher, durch die Hitze der Retorte umgewandelter, komplizierter Verbindungen, hat es an seiner wissenschaftlichen Durchforschung nicht gefehlt. Viele Fortschritte in der wissenschaftlichen Erkenntnis wie auch in der Verarbeitung des Steinkohlenteers und seiner Destillationsprodukte sind mit dem Namen Gustav Krämer, einem Mitarbeiter Rütgers, so eng verknüpft, dass wir ihm fast auf jeder Seite dieses interessanten Kapitals begegnen. Bis jetzt sind mehr als 200 wohldefinierte chemische Verbindungen aus dem Teer abgeschieden worden. Von **Benzol** diesen Produkten bildet das Benzol etwa 10%, so dass davon in Deutschland jährlich etwa 100 000 Tonnen im Werte von 20 Millionen Mark gewonnen werden, wovon etwa der fünfte Teil ausgeführt wird. Man darf annehmen, dass von den im Inlande verbleibenden 80 000 Tonnen die grössere Hälfte in Anilin übergeführt wird, während der Rest zu anderen Zwischenprodukten für die Farbenindustrie, ferner in den chemischen Wäschereien, in der Automobilindustrie, zum Carburieren von Leuchtgas und vielen anderen gewerblichen Zwecken verwendet wird.

Naphthalin, Anthrazen Von andern Produkten erfahren wir, dass im Jahre 1910 die deutsche Naphthalinproduktion etwa 35 000 Tonnen im Werte von 5 250 000 Mark betrug, wovon für 1½ Millionen Mark exportiert wurde. Der deutsche

Verbrauch an Reinanthrazen betrug 1880 1400 Tonnen,
wovon jedoch nur 200 in Deutschland gewonnen wurden
und der Rest aus England kam, während der heutige
Verbrauch von 5000 Tonnen im Werte von 1½ Millionen
Mark ganz aus heimischen Produkten gewonnen wird.

Die Wiege der Teerfarbstoffe stand in Hof- *Anilinfarben*
manns Laboratorium in London, wo William H. Perkin 1856, mit Versuchen über eine Chininsynthese beschäftigt, bei der Behandlung von Anilin mit chromsaurem Kali einen violetten Farbstoff erhielt, den er
nach der Malvenblüte „Mauve" nennt und im folgenden
Jahr in Greenford Green bei London fabriziert. 1859
behandelt Professor Emanuel Verguin in Lyon das
Anilin mit Zinnchlorid und gewinnt das Anilinrot par
excellence, das er nach der Fuchsiablüte „Fuchsin"
nennt und den Lyoner Seidenfärbern Renard frères
überlässt. Bald folgt der erste gelbe Anilinfarbstoff,
Hofmanns Chrysanilin, dann Girards Blau und Hofmanns Violett, die durch Einführung von Phenyl- und
Methylgruppen in das Fuchsin entstehen. Und noch vor
der Londoner Weltausstellung von 1862, auf der die
Chemie ihre ersten tinktorialen Triumphe feiert, er-
scheint Hofmanns erste wissenschaftliche Untersuchung
über die Zusammensetzung der von aller Welt bewun-
derten Anilinfarbstoffe.

Unter den 13 Preisträgern der Ausstellung befinden
sich fast nur englische und französische Firmen. Aber
nun zögert auch Deutschland nicht mehr, an dem neuen
Wettlauf teilzunehmen, und schon werden die Funda-
mente der deutschen Farbenfabriken gelegt.

Die Sellsche Teerdestillation in Offenbach, wo Hof- *Deutsche Farbenfabriken*
mann das erste Kilo Anilin aus dem Steinkohlenteer

extrahiert hatte, war 1850 in die Hände von K. Oehler
übergegangen, der 1860 die Fabrikation von Mauve aufnimmt und bald das Fuchsin und ein schönes Anilinblau
in den Handel bringt. In demselben Jahre richtet die
Farbenhandlung von Friedrich Bayer in Elberfeld eine
Fuchsinfabrik ein. 1863 nehmen Meister Lucius und
Brüning in Höchst a. M. dieselbe Fabrikation auf „mit
Unterstützung eines Chemikers und einer dreipferdigen
Dampfmaschine". Das Pfund Fuchsin kostet noch
20 Taler, aber nach Jahresfrist sinkt der Preis auf
8 Taler.*) Gleichzeitig entsteht die Farbenfabrik von Wilhelm Kalle in Biebrich a. Rh. und zwei Jahre darauf,
1865, die Badische Anilin- und Sodafabrik in Mann-
heim, die aber bald infolge eines gegen die Ausdehnung
des Werkes gerichteten Beschlusses der Stadtverwal-
tung ihren Sitz auf bayerisches Gebiet nach Ludwigshafen verlegt. Ferner errichtete 1870 die seit Anfang
des vorigen Jahrhunderts bestehende Farbenhandlung
Cassella & Cie. eine Anilinfarbenfabrik in Mainkur bei
Frankfurt a. M., und 1873 gründeten C. A. von Martius
und P. Mendelssohn-Bartholdy die Aktien-Ge-
sellschaft für Anilinfabrikation in Rummelsburg bei
Berlin.

Heute finden wir eine wesentlich veränderte Situ-
ation. Dem Zuge der Zeit folgend, haben sich, um
einer vornehmlich dem Auslande zugute kommenden,
weitgehenden Konkurrenz vorzubeugen, Interessen-
gemeinschaften gebildet, durch die gleichzeitig eine
erhebliche Verminderung der General-, Patent- und Pro-
zesskosten erreicht wurde. 1904 schlossen sich die Werke

---

*) Farbwerke vorm. Meister Lucius u. Brüning, 1863—1913.
Jubiläumsschrift. Höchst a. M. 1913.

von Höchst und Mainkur einerseits und kurz darauf
diejenigen von Ludwigshafen, Elberfeld und Berlin andererseits zu engen Gemeinschaften zusammen. Der
ersteren schloss sich später das Biebricher Werk an.
Endlich wurde im folgenden Jahre das Oehlersche Werk
von der 1856 gegründeten Chemischen Fabrik Griesheim-Elektron aufgenommen.

Der damalige ausländische Vorsprung bereitete indessen der jungen deutschen Industrie grosse Sorge.
In einer strengen Schule der Arbeit wuchs sie auf, ohne
einheitlichen deutschen Patentschutz, ohne einen Weltmarkt für deutschen Gewerbefleiss, in harter gegen-
seitiger Konkurrenz auf beschränktem deutschen Absatz-
gebiet.

Aber man lernte mit bescheidenen Gewinnen rechnen, rationell fabrizieren, rastlos verbessern und sparsam
zusammenhalten, während weittragende Monopole und
grosse Gewinne das Ausland sorglos machten. Schon
hatte Kekulé in Bonn (1867) in seiner Benzoltheorie **Benzol-**
den Kompass gefunden, dem sich die deutschen Pioniere **theorie**
in dem neuen Gebiet anvertrauen konnten, hatten Th.
Petersen in Frankfurt und W. Körner in Mailand das
Wirrsal der Benzolderivate ordnen helfen, und an die
Stelle einer unfruchtbaren Nachahmungsindustrie tritt
der kühne Flug eigener Forschung auf sicherer Trag-
fläche wissenschaftlicher Arbeit. Das Ziel ist die völlige
Verdrängung der natürlichen Farbstoffe durch gleiche,
bessere oder billigere Produkte der synthetischen
Chemie, die Schöpfung einer nationalen Industrie, die
sich unter deutscher Flagge den Weltmarkt erschliesst,
eingedenk der prophetischen, 25 Jahre früher ausge-
sprochenen Worte Liebigs: „Wir glauben, dass morgen
oder übermorgen jemand ein Verfahren entdeckt, aus

Steinkohlenteer den herrlichen Farbstoff des Krapps oder das wohltätige Chinin zu machen."

Alizarin Der erste epochemachende Schritt auf diesem Wege war in der Tat die Synthese dieses „herrlichen Krappfarbstoffes", des Alizarins, aus dem Anthrazen des Steinkohlenteers durch C. Gräbe und C. Liebermann in Berlin im Jahre 1869. Sie ging aus dem Laboratorium und der Forschungsrichtung von Adolf von Baeyer hervor, dem Schüler Kekulés und späteren Nachfolger Liebigs.

Die schwierige Aufgabe, diese Erfindung zur technischen Durchführung zu bringen, wurde von Heinrich Caro in der Badischen Anilin- und Sodafabrik mit Hilfe alkalischer Verschmelzung der Anthrachinonsulfosäure gelöst, einer kurz vorher von H. Wichelhaus bei der Bereitung von Naphthol in die Technik eingeführten, für die Farbenchemie äusserst fruchtbar gewordenen Reaktion.[*]

Auf das erste, wegen der Verwendung von Brom technisch undurchführbare Verfahren hatten Gräbe und Liebermann am 23. März 1869 in Preussen ein Patent erhalten. Die Patentierung des neuen brauchbaren Weges über die Sulfosäure aber wurde von der technischen Deputation des preussischen Handelsministeriums versagt,[**] weil diese Methode gegenüber der ersten „keinen Erfindungsgedanken enthalte". Durch diese Entscheidung war das unbrauchbare Verfahren in Deutschland geschützt, das brauchbare aber ungeschützt und

---

[*] A. Wichelhaus. Organische Farbstoffe. Dresden, 1909. S. 34 und Derselbe: Sulfiren, Alkalischmelze der Sulfosäuren, Esterifizieren. Leipzig 1911. S. 97.

[**] Erinnerungen an die technische Deputation für Gewerbe im Jahrbuch des Vereins deutscher Ingenieure. 1911, 3, 265.

wurde alsbald auch in anderen deutschen Fabriken aufgenommen.*)

Aber auch England war auf dem Plan. Unabhängig von Caro hatte Perkin die Sulfosäure dargestellt und mit Alkali verschmolzen, und nur einem glücklichen Zufall war es zu danken, dass den deutschen Erfindern die Früchte ihrer Arbeit nicht auch in England verloren gingen: das englische Patent von Caro, Gräbe und Liebermann wurde in London (am 25. Juni 1869) gerade einen Tag früher eingereicht als das von Perkin. Die Deutschen waren loyal genug, sich zu einer Teilung des englischen Marktes mit Perkin bereitfinden zu lassen.

Zur Zeit der Aufnahme des künstlichen Alizarins in Deutschland belief sich der jährliche Weltverbrauch von Krappfarbstoff auf ca. 50 Millionen kg Wurzeln mit 1—1¼ Prozent Farbstoffgehalt oder ⅓—¾ Millionen Kilogramm 100prozentiger Ware mit einem Verkaufswert von ca. 45 Millionen Mark. Die neue Fabrikation

---

*) Dies ist nicht der einzige Fall, dass diese Behörde ein wichtiges Patent versagte: H. Caro hatte 1869 bei der Einwirkung von Leuchtgas auf Salpetersäure die Bildung von Nitrobenzol beobachtet. Als er bei einem Versuche abberufen wurde, fand er nach seiner Rückkehr, dass die vorgelegte Salpetersäure verbraucht war, das gebildete Nitrobenzol aber grosse Mengen Benzol enthielt. Caro bemerkte alsbald, dass das Nitrobenzol für das Benzol als Lösungsmittel gedient und dessen Extraktion aus dem Leuchtgas bewirkt hatte und hatte darauf mit Engelhorn und den Brüdern Clemm das englische Patent 488/69 erhalten; die preussische Behörde fand aber in diesem Extraktionsverfahren keinen Erfindungsgedanken. Gegenwärtig bildet die Extraktion des Benzols aus dem Steinkohlengas durch hochsiedende Oele die Grundlage für die Gewinnung der Nebenprodukte bei den Kokereien. (Bernthsen, H. Caro, Ber. d. d. chem. Ges. 1912, Sonderabruck Seite 21.)

entwickelte sich rasch. Im Jahre 1873 wurden bereits 100 000 kg künstliches Alizarin produziert. 1877 wurde die ehemalige Höchstmenge des Pflanzenproduktes von 750 000 kg überschritten. 1884 stieg die Produktion auf 1 350 000 kg und erreichte zu Anfang des neuen Jahrhunderts die Höhe von 2 Millionen kg, wovon vier Fünftel auf Deutschland entfallen. Der Krappbau, der 1870 in Frankreich, dem Hauptproduktionslande, dem Lande der roten Militärhosen, über 20 000 Hektar bedeckte, hatte bereits nach wenigen Jahren aufgehört.

War das Prinzip der Darstellung dieses kostbaren Farbstoffes einmal entdeckt, so liess es sich die Industrie nicht nehmen, aus dem Anthrazen zahlreiche ähnliche Farbstoffe darzustellen, die ihm an Lichtechtheit und an Schönheit nicht nachstehen, zum Teil aber übertreffen. Die Zahl der heute auf dem Markt befindlichen bunten **Anthrazenfarben**, die in allen Tönen vom Orange zum Gelb, Purpur, Blau und Braun bis zum tiefsten Echtschwarz gehen, ist sehr bedeutend. Als besonders unzerstörbar am Licht mögen die Indanthrenfarbstoffe von R. Bohn, die in Echtheit und Schönheit den Indigo übertreffen, und die in allen Nuancen auftretenden Algol- und Helindonfarben genannt werden. Die deutsche Ausfuhr aller Anthrazenfarbstoffe beträgt gegenwärtig 12 Millionen kg (in Pasten verschiedener Konzentration) im Werte von ca. 20 Millionen Mark.

Anthrazenfarben

Eosinfarben Wir schlagen ein anderes Blatt der Geschichte auf und befinden uns in der Mitte der siebziger Jahre. Wir erfahren von einer neuen Gruppe, den von Adolf von Baeyer entdeckten Eosinfarben, die ohne die für die Alizarinfarben nötige Beize direkt Wolle und Seide anfärben und überraschend schöne Färbungen von den hellsten Tönen der Morgenröte bis zum leuchtenden Rot der Cochenille und zum tiefsten Scharlach geben. Trotz hoher Preise finden sie bald Eingang in der Seidenfärberei und beherrschen die Mode der Damen. Es gibt aber noch kein deutsches Patentgesetz; das Verfahren wird geheimgehalten. Hofmann jedoch löst das Geheimnis, enträtselt die Abstammung des Eosins vom Resorcin, und alsbald werden die neuen Farbstoffe Allgemeingut.

Aber schon glänzt ein neuer Regenbogen am Himmel der Farbenchemie. Der Sohn eines Schmiedes aus einem Dörfchen bei Kassel am Fusse des Meissner, Peter Griess, hat das Kolbesche Laboratorium in Marburg besucht, kurze Zeit in der Oehlerschen Teerdestillation in Offenbach gearbeitet und kommt 1858 als Assistent Hofmanns nach London. Durch Hofmann lernt er 1862 den Direktor der Brauerei Allsopp & Sons, Heinrich Böttinger, kennen, den Vater des langjährigen Direktors der Elberfelder Farbenfabriken und bekannten Parlamentariers H. T. von Böttinger. Als Betriebschemiker dieser grössten Brauerei Englands hat Peter Griess über ein Vierteljahrhundert in Burton on Trent gewirkt. Aber der Geist des Hofmannschen Laboratoriums verlässt ihn nicht, und mit dem Forschungseifer des Gelehrten widmet er jede Mussestunde seiner stillen wissenschaftlichen Lebensarbeit.

Jedem Chemiker ist die Diazoreaktion von Griess Azofarbstoffe bekannt; wie der rote Faden durch die Taue der englischen Marine zieht sie sich durch die Industrie der organischen Farbstoffe. Als ihn Caro 1876 besucht, zeigt ihm Griess eine ganze Sammlung der schönsten Farbstoffpräparate. Die Griesssche Reaktion hat zu der grössten, sich immer noch erweiternden und der ausgedehntesten Anwendung fähigen Farbstoffgruppe, den Azofarbstoffen, geführt. Die erste technische Nutzbarmachung der neuen Methode, das Chrysoidin von Otto N. Witt, liegt noch vor dem deutschen Patentgesetz und teilt das Schicksal des Eosins, da Hofmann auf Veranlassung von Martius seine Herkunft ergründet und in den Berichten der Chemischen Gesellschaft veröffentlicht. Dem Einwande Witts*) begegnet er mit den Worten: „Die Zeit der Arkanisten ist vorbei."**) Das erste deutsche Azofarbstoffpatent vom 12. März 1878 „zur paarweisen Verbindung von Diazophenolen mit Phenolen" trägt den Namen Peter Griess. Nach dem A. Wintherschen Handbuch sind bis 1905 in Deutschland 1345 Verfahren dieser Gruppe patentiert worden. Seitdem hat sich diese Zahl auf nahezu 2000 erhöht.

Nachdem einmal die Methode gegeben, war kein Halten mehr; eine endlose Kombinationsarbeit beginnt, bei der alle Benzolderivate durch Azogruppen einfach und mehrfach „gepaart" werden. In dem ersten Patent der Höchster Farbwerke vom 24. April 1878 zeigt H. Baum, dass auch die Naphthalinderivate neue Kombinationen bilden, und alsbald folgt eine Flut von immer schöneren Farbtönen aller Nuancen. Auch an schönen Namen fehlt es nicht. Da ist das Salmrot von C. L. Müller und das Echtrot von Caro, das Orseillerot von Schunke, die Oxaminfarben von Bernthsen und Julius in der Badischen Fabrik, das Biebricher Scharlach von Nietzki, das Höchster Ponceau von Baum, die Berliner Congofarben von Böttiger, Pfaff und

---

*) Ber. d. d. chem. Ges., 1877, 10 350.
**) Ber. d. d. chem. Ges., 1877, 10 388.

Schultz, die Elberfelder Benzopurpurine von Duisberg und die Croceine von Frank, das Elberfelder Diamantschwarz, das Echtrot „C" von O. N. Witt, endlich die Cassellaschen Diaminfarben von Gans, Weinberg und Hoffmann, die vom Gelb über Scharlach, Rot, Braun, Blau bis zum Schwarz gehen, und hundert andere, die bei der Billigkeit des bis dahin fast wertlosen Naphthalins zu niedrigen Preisen auf den Markt kommen und von den Färbern begierig aufgenommen werden. Mit dem Erscheinen der Azofarbstoffe hat die Einfuhr von Cochenille ganz und die von Blauholz und Farbholzextrakten fast ganz aufgehört, statt dessen haben sich die neuen durch die Mannigfaltigkeit der Töne wie durch leichte Handhabung der Färbemethoden ausgezeichneten Stoffe heute einen Weltmarkt erobert, der nach Millionen zählt.

 Inzwischen war den Entdeckungen die theoretische Erforschung der Natur der Farbstoffe Schritt für Schritt gefolgt, die ihrerseits wiederum die Praxis von neuem befruchtete. Die Aufklärung der Konstitution der Hofmannschen Rosanilinfarbstoffe durch Emil und Otto Fischer*), die Theorie der Farbstoffbildung von O. N. Witt und die Einführung der Fittigschen Diketonformel in die Konstitution der Farbstoffe durch Nietzki regen zu immer neuen und fruchttragenden Entdeckungen und Erfindungen an. In dem Masse, wie sich mit der Ausdehnung der Farbenindustrie die Hände mehrten, die an ihrer Weiterentwicklung arbeiten, wurde nicht nur der erworbene Besitz intensiver bebaut, sondern auch neue grosse Provinzen des fruchtbaren Landes hinzugewonnen.

Konstitution der Farbstoffe

*) Ber. d. d. chem. Ges., 1876, 9, 891 und 1878, 11, 473, 612 und 1079.

Indigo   An der Schwelle des neuen Jahrhunderts angelangt, dürfen wir noch ein Blatt dieser farbenreichen Geschichte aufschlagen. Die Erfindung der synthetischen Gewinnung des Indigos, des schönsten und haltbarsten Farbstoffes des Altertums, gehört deshalb zu den grössten Triumphen der deutschen Farbenchemie, weil sowohl ihre wissenschaftliche Entdeckung wie auch ihre technische Durchführung ein ungewöhnliches Mass von Intelligenz, Ausdauer und Unternehmungsgeist erforderten.

20 Jahre planvoller, scharfsinniger Forschungsarbeit hatte es bedurft, bis Adolf von Baeyer im Jahre 1880 den künstlichen Aufbau des Indigos aus dem Steinkohlenteer vollendet hatte; aber noch 17 Jahre hat es gedauert, bis die Lösung des grössten wirtschaftlichen Problems der Teerfarbenindustrie, die Konkurrenzfähigkeit des synthetischen Indigos mit dem Farbstoff der Indigopflanze, nach rastlos zielbewusster Arbeit unter der genialen Leitung Heinrich von Bruncks durch die Tatkraft von R. Knietsch in der Badischen Anilin- und Sodafabrik unter Benutzung der Heumannschen Indigosynthese aus Phenylglyzin-Carbonsäure erreicht wurde. Nach vielen vergeblich eingeschlagenen Wegen bediente man sich wiederum des im Steinkohlenteer so reichlich vorhandenen billigen Naphthalins als Ausgangsmaterials. Aber es bedurfte einer langen Reihe komplizierter Umwandlungen, um bis zum Endprodukt zu gelangen. Um das Naphthalin in Anthranilsäure zu verwandeln, musste, wie bereits erwähnt, das billigste Oxydationsmittel, die Schwefelsäure, herangezogen und die Einrichtung getroffen werden, jährlich 120 Millionen Kubikmeter gasförmige schweflige Säure mit Hilfe des neuen Kontaktverfahrens wieder in Schwefelsäure zurückzuverwandeln. Zur Beschaffung eines anderen

Zwischenprodukts, der Chloressigsäure, musste die
Chlorfabrikation aufgenommen werden, die nach dem
Griesheimer elektrolytischen Verfahren eingerichtet
wurde. Welche Summen diese Anlagen verschlangen,
ergibt sich daraus, dass bis zum Jahre 1900 in Ludwigshafen 18 Millionen Mark für die Indigofabrik investiert
wurden.

Aber auch die Höchster Farbwerke hatten das
Problem seit 20 Jahren bearbeitet, und kurze Zeit nach
dem Erfolge der Badischen Fabrik wurden auch diese
Bemühungen von Erfolg gekrönt, indem man sich eine
wichtige Beobachtung von J. Pfleger in der Deutschen
Gold- und Silberscheideanstalt in Frankfurt a. M. zu-
nutze machte, wonach eine schon lange bekannte, vom
Anilin ausgehende Indigobildung nach C. Heumann
unter Anwendung von Natriumamid wesentlich bessere
Ausbeuten lieferte als mit dem bis dahin bei der Phenyl-
glyzinschmelze verwendeten Alkali, dessen Wassergehalt
schädlich wirkte. Man erkannte alsbald, dass man das
wasserzersetzende metallische Natrium mit gleichem Erfolge verwenden konnte. Da sich ausser dem Anilin auch
die meisten übrigen Zwischenprodukte im offenen
Markte befanden, bedurfte es hier keines grossen An-
lagekapitals, und schon im Jahre 1901 konnte man in
Höchst mit der Fabrikation von Indigo aus dem Anilin
beginnen, das 75 Jahre zuvor, wie bereits erwähnt,
von Otto Unverdorben durch Destillation von Indigo
zum erstenmal dargestellt worden war.

Als der deutsche Indigo 1897 auf den Markt kam,
betrug die Weltproduktion von Pflanzenindigo 6 Millionen kg, auf 100prozentige Ware gerechnet, im Werte
von 80 Millionen Mark. Schon 1900 war diese Produktion stark gesunken; sie ist jetzt auf ein Sechstel zurück-

gegangen. In Englisch-Indien, das vier Fünftel der Weltproduktion lieferte, bedeckte die Anbaufläche im Jahre
1896 noch 1½ Millionen, 1904 noch ½ Million Acker;
sie ist heute auf 300 000 Acker gesunken. Der Indigo
in San Salvador, Guatemala und auf Java ist auf ein
Achtel herabgesunken. Auch mit dem Pflanzenindigo,
in China und trotz eines hohen Zolles in Japan hat das
synthetische Produkt den Wettbewerb mit Erfolg aufgenommen.

Die Einfuhr Deutschlands betrug vor 1897 bis zu
20 Millionen Mark im Jahre; sie ist auf eine halbe
Million gesunken. Andererseits hob sich die deutsche
Ausfuhr bis 1900 auf annähernd 10 Millionen Mark,
überstieg 1905 25 Millionen und beträgt gegenwärtig
40—45 Millionen Mark. Der Bilanzunterschied Deutschlands beträgt also auf der Gewinnseite mehr als 60 Millionen Mark. Gleichzeitig aber wurden zugunsten der
Konsumenten die Preise vorteilhaft beeinflusst, da der
Marktpreis für 100prozentigen Indigo, der 1897 noch
über 16 Mark betrug, gegenwärtig auf weniger als
7 Mark herabgegangen ist.*)

*)	Deutschland				Britisch-Ostindien	
	Indigoeinfuhr in		Indigoausfuhr[1]) in		Indigoausfuhr in	
	1000 kg	1000 M.	1000 kg	1000 M.	cwt.	Pfd. St.[2])
1896	1978	20 720	581	6 891	187 837	8 569 670
1899	1107	8 809	1 864	7 845	185 187	1 980 819
1902	526	8 687	5 284	18 462	89 750	1 284 837
1905	197	1 202	11 165	25 721	49 252	556 405
1908	108	882	15 456	88 655	82 490	424 849
1911	70	446	21 618	41 880	16 989	225 000

[1]) In Form von meist 20prozentiger Paste.
[2]) à 15 Rupien.

Das Färben mit Indigo ist von alters her eine besondere Kunst gewesen. Man bringt nämlich den Farbstoff nicht direkt auf die Faser, sondern stellt in der sogenannten Indigoküpe mit Hilfe von Reduktions-mitteln einen in Wasser löslichen farblosen Indigo her, tränkt die Gewebe mit der Lösung, die in jede Faser eindringt, und lässt den blauen, ganz unlöslichen Farbstoff durch Oxydation an der Luft entstehen. Dieser haftet daher nicht auf, sondern in der Faser und besitzt grosse Widerstandsfähigkeit. Man hat deshalb versucht, den Indigo in andere Küpenfarbstoffe umzuwandeln und fand ebenso schöne und echte Farben, röterer oder grünerer Schattierungen, in seinen Chlor- und Brom-derivaten.*)

Bei diesen Untersuchungen ist die merkwürdige Ent-deckung gemacht worden, dass man in einem künstlich hergestellten Dibromindigo den Purpur der Alten er-kannte. Dieser von den Phöniziern aus der Purpur-schnecke des Mittelmeers gewonnene kostbare Farbstoff war im Laufe der Zeit vergessen worden. Man kannte nicht einmal seine wirkliche Farbe, bis Paul Friedländer in Darmstadt im Jahre 1909 den antiken Purpur zum Gegenstande einer interessanten Unter-suchung machte. Aus 12 000 Schnecken der Art Murex brandaris, die am besten mit der von Plinius beschrie-benen Purpurea übereinstimmt, wurden die Farbdrüsen herauspräpariert, durch kurzes Belichten an der Sonne der Farbstoff entwickelt, durch Lösungsmittel extrahiert und aus Chinolin umkrystallisiert. So gewann er andert-

Antiker
Purpur

*) Bis zum Jahre 1907 wurden in Deutschland 316 mit dem Indigo im Zusammenhang stehende Patente genommen. Die ersten Patente Baeyers, No. 11857 und 11858 zur Darstellung von Indigo aus Orthonitrozimtsäure wurden im März 1880 eingereicht.

halb Gramm des natürlichen Farbstoffs, der mit dem künstlichen Dibromindigo identisch ist. Diese geringe Ausbeute erklärt die Kostbarkeit des Farbstoffs, mit dem im Altertum nur die königlichen Gewänder gefärbt werden durften, und dessen damaligen Preis Friedländer auf 40—50 000 Mark pro kg schätzt. · Die Farbe entspricht nicht unserem heutigen Begriff des Purpurs, sondern zeigt ein rötliches Violett.

Indigorot

Schon vor dieser schönen Untersuchung hatte derselbe Forscher versucht, andere Elemente in das Indigomolekül einzuführen. Als er den Stickstoff durch Schwefel ersetzte, erhielt er einen Thioindigo, von karmoisinroter Farbe, der zu einer neuen Gruppe zahlreicher indigoider Farbstoffe verschiedener Töne geführt hat, die an Echtheit und Widerstandskraft gegen Witterungseinflüsse dem Indigo nicht nachstehen und deshalb ebenso wie der künstliche Indigo selbst zum Färben von Militär- und Marinetuch verwendet werden; insbesondere auch für die neuen feldgrauen und khakifarbenen Stoffe.

Schwefelfarbstoffe

Endlich hat die Einführung des Schwefels auch bei anderen Farbenklassen zu sehr echten Farbstoffen geführt. Diese Schwefelfarbstoffe, die sich zugleich durch ihre Billigkeit auszeichnen, geben gelbe, orange, grüne, blaue, braune und schwarze Töne und werden seit etwa zehn Jahren in grossen Mengen zum Färben von Wolle und Baumwolle verwandt. In dieser Zeit ist die Zahl der patentierten Verfahren auf 630 angewachsen.

Aber wir müssen es uns versagen, noch weiter in die Geheimnisse der Farbchemie einzudringen, zumal dieser, wenn auch flüchtige Einblick in ihre Geschichte die Bedeutung für unsere Volkswirtschaft und für die Befreiung von ausländischen Tributen zur Genüge dartut.

Während Deutschland in den sechziger Jahren des Produktions-wert der deutschen Farben-industrie vorigen Jahrhunderts etwa 50 Millionen Mark für aus- ländische Farbstoffe zahlte, hat die deutsche Ausfuhr an Teerfarbstoffen gegenwärtig die Höhe von 200 Mil- lionen Mark erreicht.*) Da dieser Export etwa drei Viertel bis vier Fünftel der Gesamtproduktion beträgt, so darf diese zurzeit auf annähernd 250 Millionen Mark jährlich geschätzt werden. Hierbei ist die für den Konsumenten wichtige Tatsache zu berücksichtigen, dass der Durch- schnittskilopreis der synthetischen Farbstoffe in den letzten 15 Jahren von 4 Mark auf etwa 2 Mark zurück- gegangen ist. Die beiden vorher erwähnten Konzerne der deutschen Teerfarbenfabriken verfügen gegenwärtig zusammen über ein Aktienkapital von 162,5 Millionen Mark und gaben im Jahre 1911 eine Dividende von 42,93 Millionen Mark oder durchschnittlich 25,8 Prozent.

So sehr wir nun diese Erfolge der Teerfarbenindu- Heilmittel strie und insbesondere ihre wissenschaftlichen Leistungen bewundern, so ist doch nicht zu verkennen, dass, abge- sehen von ihrer ästhetischen Seite, der farbenfreudigen Verschönerung des menschlichen Daseins, ihr Nutzen für die Volkswohlfahrt vorwiegend auf wirtschaftlichem Gebiete liegt. Aber ihre scharfsinnigen Verfahren und ihre technischen Hilfsmittel sind bald auf andere Gebiete

---

*) Nach Position 319, 320 und 321 des Zolltarifs wurden 1912 ausgeführt:

Alizarin (in Pastenform)	11 589	Tonnen für	23,64	Millionen	Mark
Indigo „ „	24 827	„ „	45,21	„	„
Andere Teerfarben	59 696	„ „	133,76	„	„

zusammen 96 111 Tonnen für 202,61 Millionen Mark

Chem. Ind. 1913, 36, 69.

übertragen worden, die in den letzten Dezennien in noch höherem Sinne für die Volkswohlfahrt von eminent kultureller Bedeutung geworden sind. Im Besitze der synthetischen Methoden der organischen Chemie, dehnten die Forscher ihre Studien auf andere Klassen von Kohlenstoffverbindungen aus, die zu dem menschlichen Leben in irgendeiner Beziehung stehen.

In erster Linie steht hier die Bedeutung der chemischen Synthese für die Bekämpfung der Krankheiten und Seuchen. Der Beginn einer zielbewussten Forschung in dieser Richtung liegt 25 Jahre zurück. Bis dahin hatte man sich von gelegentlichen Beobachtungen und Vermutungen leiten lassen, bei denen der Zufall oft eine wesentliche Rolle spielte. Schon bei der Einführung eines der wichtigsten Arzneimittel war dies der Fall. Als die Scheringsche Fabrik im Jahre 1869 auf Veranlassung von O. Liebreich das 1832 von Liebig entdeckte Chloralhydrat als Schlafmittel in die Medizin einführte, glaubte dieser, es würde sich im Blut allmählich in Chloroform umsetzen, dessen narkotische Wirkung schon 1831 bei seiner ebenfalls durch Liebig erfolgten Entdeckung erkannt worden war. Es zeigte sich, dass zwar der gewünschte Erfolg, nicht aber die Voraussetzung zutraf; dass diese Umwandlung zwar im Reagenzglase mit starkem Alkali, aber nicht im schwach alkalischen Blute vor sich geht.

Noch seltsamer war die Entdeckung des ersten erfolgreichen synthetischen Fiebermittels, des Azetanilids, im Jahre 1887, die auf einer ganz zufälligen Verwechslung mit dem ähnlich aussehenden Naphthalin in der Koppschen Apotheke in Strassburg beruht. Bei therapeutischen Versuchen zeigte das vermeintliche Naphthalin

eine stark antifebrile Wirkung, und als man den Irrtum
bemerkte, war noch gerade genug von dem willkom-
menen Mittel vorhanden, dass man es mit dem schon
lange bekannten Azetanilid identifizieren konnte, das
nun als Antifebrin eine rasche Verbreitung fand. Aehnlich
war es um dieselbe Zeit mit der Entdeckung des Antipyrins durch L. Knorr in Jena, das auf Grund seiner
vermeintlichen Beziehungen zum Chinin als Antipyreticum erkannt wurde, obwohl Knorr selbst später nach-
wies, dass es in seiner Konstitution mit dem Chinin
nichts zu tun habe, sondern zu einer ganz andern Gruppe,
den Pyrazolonderivaten, gehörte.

Die neuen Fiebermittel konnten jedoch ihre eminente
Bedeutung bald bei der Bekämpfung einer grossen
Influenzaepidemie beweisen, die nach 30jähriger Pause
die Kulturwelt mit ungeheurer Heftigkeit überfallen
hatte; sie zeigten aber zugleich den Pharmakologen die
merkwürdige Tatsache an, dass im Gegensatz zu den
früheren Anschauungen Heilmittel von unter sich ähnlicher Wirkung in sehr verschiedenen Gruppen der organischen Chemie angetroffen wurden.

Die Folge davon war ein Durchprobieren aller möglichen chemischen Verbindungen am Tier- und Menschen-
körper, wobei sich aber gewisse Gesetzmässigkeiten ergaben, die doch einen Einfluss bestimmter Atomgruppierungen auf bestimmte Wirkungen erkennen liessen, wie
man dies bei den Farbstoffen schon lange gewohnt war.
Wie die hypnotische Wirkung bei den gechlorten
Methanen mit der Anzahl der Chloratome bis zum
Chloroform anstieg, so bemerkte man eine ähnliche
Steigerung gelegentlich der Einführung des Sulfonals
in den Arzneischatz. Die hypnotische Wirkung dieses

Mittels war auch ganz zufällig beobachtet worden. Bei physiologischen Stoffwechselversuchen mit schwefelhaltigen Stoffen bediente man sich im Baumannschen Laboratorium zu Freiburg i. B. dieser dort gerade dargestellten Verbindung, war aber erstaunt, dass das Versuchstier, ein Hund, nach Verabreichung des Sulfonals in einen dauerhaften Schlummer versetzt wurde. Es lag nahe, diese überraschende Wirkung durch die Anwesenheit zweier Aethylgruppen zu deuten, wie eine solche auch im gewöhnlichen Alkohol vorhanden ist. Die Ansicht bestätigte sich, als man durch die Einführung einer dritten und vierten Aethylgruppe aus dem Sulfonal ein Trional und ein Tetronal herstellte, deren hypnotische Wirkung mit der Zahl dieser Gruppen in der Tat anstieg.

Es begannen nun vergleichende klinische Versuche, in denen man die Wirkung der verschiedensten Atomgruppierungen studierte, die in manchen Fällen wichtige Beziehungen zwischen chemischer Konstitution und physiologischer Wirkung zu erkennen gaben. Wenn wir uns auch heute noch mit der Auffindung solcher Beziehungen am Anfange eines langen und schwierigen Weges befinden, so wird sie doch dadurch erleichtert, dass sich inzwischen ein umfangreiches Versuchsmaterial angesammelt hat. Finden sich doch in den Zusammenstellungen von J. D. Riedel bis zum Jahre 1912 über 5000 chemische Präparate verzeichnet, die alle eine Heilwirkung haben sollen und der leidenden Menschheit angeboten wurden. Es versteht sich von selbst, dass ein erheblicher Teil derselben ein Eintagsleben führte und mit dem Empfange eines mehr oder weniger schönen Namens seine ephemere Rolle ausgespielt hatte. Aber bei manchen dieser Mittel zeigte sich, dass man

auf richtigem Wege war, dass sich die Voraussetzungen
bestätigten, aus denen sie hervorgegangen waren, und aus
der Menge der Präparate hoben sich manche heraus,
die sich in jahrelanger Prüfung bewährt und als heilsame
Präparate in den Arzneischatz aufgenommen werden
konnten. Aus dem Gewirr der Tatsachen ergaben sich
Richtlinien, die zu neuen Versuchen anregten und neue
heilbringende Wege eröffneten.

So fanden neben dem Knorrschen Antipyrin, das Antipyretica
von den Höchster Farbwerken eingeführt wurde und
unter den synthetischen Heilmitteln wohl den grössten
materiellen Erfolg gehabt hat, das Tolupyrin und das
Salipyrin Aufnahme, ferner das mandelsaure Antipyrin
oder Tussol als Mittel gegen Keuchhusten, das Valeryla-
minoderivat als Neopyrin, und endlich das allmählich,
aber länger andauernd wirkende und dreimal so kräftige
Pyramidon, das Amin des Antipyrins. Neben dem Azetanilid erschien sein Aethoxyderivat, das Phenazetin, das
als billigstes Antipyreticum eine grosse Bedeutung gewann, ferner das stärker beruhigende und leicht hypno-
tisch wirkende Laktophenin und das zugleich antiseptisch
wirkende Aminophenazetin oder Phenokoll. Aber alle
diese synthetischen Antipyretica haben doch das alte
Malariamittel, das Chinin, nicht erreicht, das trotz des
bitteren Geschmacks und des hohen Preises seine sou-
veräne Stellung nicht verloren hat.

Das Studium der Pflanzenalkaloide, Strychnin, Atro- Anästhetica
pin, Brucin, Cocain, Codein, Coniin usw., von denen
die meisten synthetisch aufgebaut worden sind, hat
manche wichtigen Aufschlüsse über den Zusammenhang
zwischen Konstitution und physiologischer Wirkung gegeben, die zur Auffindung neuer Heilmittel angeregt
haben. Als Beispiel mag das Cocain gelten, das von

den Indianern, die beim Lastentragen in den Bergen Südamerikas beständig Cocablätter kauen, benutzt wird, um grosse Strapazen und Arbeitsleistungen zu bewältigen, ohne ein Ermüdungsgefühl zu empfinden. Durch die bahnbrechende Entdeckung Kollers im Jahre 1884 wurde die Anwendung des Cocains in der Medizin zum Zwecke der Lokalanästhesie eröffnet. Das Studium dieses für die Chirurgie unentbehrlichen Stoffes führte zu der Vermutung, dass die anästhesierende Wirkung auf einzelne Atomgruppierungen des komplizierten Moleküls zurückzuführen sei, die dadurch bestätigt wurde, dass man auf Grund solcher Ueberlegungen in dem Eucain, dem Stovain, dem Alypin und dem Neocain Ersatzmittel von weit einfacherer Zusammensetzung, aber besserer Wirkung und geringerer Giftigkeit auffand.

Hypnotica Dem Chloralhydrat folgten eine grosse Anzahl synthetischer Halogenderivate, wie die halogenisierte Fettsäure, das Sabromin, von E. Fischer und von Mehring, die den Aerzten neue Schlaf- und Nervenheilmittel in die Hand gaben; die schon genannten Sulfonalpräparate wurden übertroffen durch das Veronal,*) mit dem dieselben Forscher die Barbitursäureabkömmlinge **Diuretica** in den Arzneischatz einführten. Von Emil Fischer wurden endlich die Alkaloide der Puringruppe aufgebaut, das Theobromin des Kakaos, das Coffein des Kaffees und das Theophyllin des Thees, und viele ihrer Derivate, die sich als wertvolle Diuretica namentlich im Kampfe gegen die Leiden der Wassersucht bewährt haben.

---

*) Statt des unlöslichen Veronals ist neuerdings das lösliche Veronalnatrium oder Medinal vorgeschlagen worden.

Der durch ihre antineuralgischen Wirkungen ausge- Antineur-
algika
zeichneten, schon 1860 von Kolbe als eines der ersten
synthetischen Heilmittel gewonnenen Salizylsäure folgten
zahlreiche Derivate, unter denen zurzeit ihre Azetyl-
verbindung, das Aspirin der Elberfelder Farbenfabriken, eine bedeutende Rolle spielt.

Unter den neuen Gichtmitteln sind es vornehmlich
die stickstoffhaltigen Ringkörper, das schon 1890 von
A. W. Hofmann entdeckte Diäthylendiamin oder
Piperazin, das vom Chinin abstammende Chinolin und
seine Derivate, die wegen ihrer harnsäurelösenden Kraft
zahlreiche wirksame Heilmittel gebracht haben, von
denen das Lysidin, das Urotropin genannt werden mögen
und vor allem das von der Scheringschen Fabrik ein-
geführte Atophan, ein Derivat der Cinchoninsäure, das
durch seine starke, Harnsäure ausscheidende Wirkung
bei Gicht und Gelenkrheumatismus mit grossem Erfolge
verwendet wird.

Auch auf die Gewinnung wirksamer Stoffe ani- Organo-
therapie
malischen Ursprungs hat sich die synthetische Forschung
in der sog. Organotherapie ausgedehnt. Dem wirksamen
Ferment der Schilddrüse, dem jodhaltigen Thyreoidin,
folgte die den Blutdruck steigernde, die Gefässe ver-
engende wirksame Substanz der Nebenniere, das Adrenalin,[*] das von F. Stolz synthetisch aufgebaut und
von den Höchster Farbwerken als Suprarenin in den
Arzneischatz als das beste blutstillende und adstringie-

---

[*] Zur Herstellung von einem Kilogramm Adrenalin sind die
Nebennieren von 40 000 Ochsen erforderlich; dieses und andere
Drüsenpräparate werden gegenwärtig in den grossen amerika-
nischen Schlachthäusern hergestellt. (C. Duisberg. Fortschritte
und Probleme der chemischen Industrie. Ztschr. ang. Chemie 1913,
26, 1.)

rende Mittel eingeführt wurde. Das phosphorhaltige
Lezithin und das Myelin, als wichtige Stoffe der Gehirn-
substanz, der die Blutgerinnung aufhebende Bestandteil
des Blutegels, zahlreiche Verdauungsfermente und Pan-
kreaspräparate wurden der Heilkunde zur Verfügung
gestellt. Endlich gewann man durch künstliche Ver-
dauung von Fleisch zahlreiche hauptsächlich aus Amino-
säuren bestehende Präparate, wie das Erepton von
Abderhalden, die als Nährmittel dienen in Fällen, wo
die Verdauungstätigkeit versagt.

Bakteriologie   Neue Bahnen aber mussten eingeschlagen werden,
als es galt, die furchtbarsten Feinde der Menschheit, zu
treffen, die unsichtbaren pathogenen Mikroorganismen,
die Erreger von Tuberkulose, Cholera und anderen an-
steckenden Seuchen. Hier war es wieder die Farbenchemie, die dem Forscher als Scheinwerfer diente bei
dem Eindringen in völlig dunkle Gebiete.*) Die schon
lange als Ursache der Epidemien vermuteten kleinsten
Lebewesen konnten so lange nicht erkannt und ihre
Lebensbedingungen nicht erforscht werden, als sie sich
in ihrer Farblosigkeit von dem Gemisch physiologischer
Stoffe unter dem Mikroskop nicht abhoben. Da zeigte
Karl Weigert in Leipzig 1871, dass viele Mikroorganismen sichtbar werden, wenn man die Präparate
mit bestimmten Farbstofflösungen anfärbt und mit Alkohol auswäscht. Es fand sich, dass die Bakterien, wie
die Seidenfäden, den Farbstoff festhalten und intensiv gefärbt auf hellem Grunde hervortreten. In der Hand von
Robert Koch führte diese Methode bekanntlich zur
Entdeckung, Züchtung und Erforschung des Erregers
der Tuberkulose. Bald folgten die Erreger von Milz-

---

*) A. Binz. Die Mission der Teerfarben-Industrie. Berlin 1912.

brand, Cholera, Ruhr, Pest, Genickstarre, Tetanus, Influenza, Malaria, Diphtherie und endlich die, wie der Name sagt, schwer erkennbare Spirochaeta pallida, die blasse Spirochaete, der Erreger der Syphilis, der erst 1905 von Schaudinn durch ein besonderes Färbeverfahren entdeckt werden konnte. Die chemische Industrie hat aber nicht nur in dem Kampfe gegen die Seuchen diesen unmittelbaren und wesentlichen Anteil genommen, sie hat sich auch entschlossen, selbst die Waffen zu schmieden, um diesen Kampf durchzuführen. Eine neue Industrie wurde geschaffen, um der im eminentesten Sinne der Volkswohlfahrt dienenden Serumtherapie und Chemotherapie einen sicheren fabrikatorischen Boden zu schaffen.

So entstand in den Höchster Farbwerken unter der Leitung von Kochs Mitarbeiter Libbertz ein neuartiger Betrieb, dem als Rohmaterial Diphtheriebazillen und dem bakteriologische Verfahren zur Fabrikation eines Antitoxins dienen, das nicht in chemischen Retorten, sondern im Körper des Pferdes erzeugt wird. Die Betriebe bestehen daher aus Pferdeställen und bakteriologischen und chemischen Laboratorien. Das 1892 von v. Behring entdeckte Heilserum, dessen sichere Wirkung allgemein anerkannt ist, hat auf diesem Gebiete den grössten Erfolg gehabt. Dem Diphtherieserum folgte das Tetanusantitoxin und eine ganze Reihe anderer Stoffwechselpräparate zur Bekämpfung von Menschen- und Tierkrankheiten. In Höchst werden gegenwärtig 36 verschiedene Produkte bakteriologischer Art hergestellt.*)

Serumtherapie

---

*) Farbwerke vorm. Meister Lucius & Brüning, Jubiläumsschrift, Höchst a. M. 1913.

Chemotherapie Aber auch hiermit waren die Mittel zur Bekämpfung dieser unsichtbaren Feinde noch nicht erschöpft. Während bei dem Behringschen Heilserum das von tierischen Organismen gebildete Antitoxin als Gegengift gegen das durch die Infektion erzeugte Toxin die wesentliche Rolle spielt, ist es die Aufgabe der von Paul Ehrlich in Frankfurt a. M. inaugurierten Chemotherapie, durch spezifisch wirkende chemische Mittel die Krankheitserreger direkt zu treffen.

In mühevoller Arbeit, in der Ehrlich Hunderte von Präparaten einer systematischen physiologischen Prüfung unterwarf, fand er in dem Diaminodioxyarsenobenzol oder Salvarsan das zur erfolgreichen Bekämpfung der Syphilis geeignete Mittel. Auch bei anderen Infektionskrankheiten, bei Spirillose, Framboesie, Typhus recurrens, Malaria, Scharlach, und bei einigen Tierkrankheiten scheint sich das neue Mittel zu bewähren. Aber wir befinden uns hier erst am Anfange einer neuen Zeit, und noch viele heimtückische Krankheiten, unter denen die Tuberkulose an erster Stelle steht, harren der Vernichtung ihrer unsichtbaren Erreger.

Künstliche Riechstoffe Es gibt indessen noch andere Gebiete, auf denen die synthetische Chemie dem Menschen Wohltaten erwiesen hat. Für die Synthese der Riechstoffe sind die Untersuchungen von F. Tiemann im Hofmannschen Laboratorium grundlegend gewesen. 1874 war es ihm gelungen, das wirksame Prinzip der Vanille aus dem Cambialsafte der Coniferen zu isolieren und bald darauf das Vanillin aus einem Bestandteil des Steinkohlenteers darzustellen. Im Heliotropin fand er den kostbaren Duft des Heliotrops, im Cumarin den Duft des Maikrautes, und im Ionon und Iron die herrlichen Düfte der Veilchengruppe. Man fand im Zimmtaldehyd das künstliche

Kassiaöl, im Napholäther das Neroliöl und im Anthranil-
säureester den Duft der Orangenblüten. 1890 wurde
durch Bauer ein Ersatz für den Moschus aufgefunden,
der zwar denselben durchdringenden Geruch besitzt,
aber mit dem echten Moschus des Bisamtiers nicht
identisch ist. Allein mit der Auffindung einzelner Synthesen war das Problem noch nicht erschöpft. Viele
Pflanzendüfte verdanken ihre Schönheit einer bestimmten Mischung einzelner Riechstoffe. So hat man
beispielsweise im Zitronenöl 15 Stoffe, wie Limonen,
Pinen, Phellandren, Camphen, Citral, Citronellal, Ok-
tylaldehyd, Nonylaldehyd, Geraniol, Linalool, Terpinol
u. a., bestimmt erkannt und auch die schwierige Aufgabe gelöst, aus dem Rosenöl 18 verschiedene Individuen
zu isolieren und aus diesen auf andere Weise gewonnenen Stoffen wiederum künstliches Rosenöl auf synthetischem Wege herzustellen.*) Es gelang, in Riech-
fläschchen von 100 g Inhalt den Duft von 500 kg Rosen
oder von 1000 kg Veilchenblüten oder von 3 Millionen
Stück Maiblumen einzufangen. 1 kg Vanillin kostete
früher 1000 Mark, das Cumarin 500 Mark und das Heliotropin 3000 Mark. Sie werden jetzt für 30, 25 und
10 Mark das kg verkauft. Gleichwohl schätzt A. Hesse**)
den heutigen Produktionswert der deutschen Industrie
der ätherischen Oele und künstlichen Riechstoffe auf
40—50 Millionen Mark.***)

*) In ähnlicher Weise hat man durch künstliche Gemische
das Jasminöl, das Flieder-, Akazien-, Maiglöckchen-, Resedaöl usw.
in sehr vollkommener Weise nachgeahmt.
**) A. Hesse. Bilder aus der Riechstoff-Industrie, Ztschr. ang.
Chemie 1912. 25, 337.
***) Die Ausfuhr von künstlichen Riechstoffen betrug 1908
280 000 kg, 1912 574 800 kg. Chem. Ind. 1913. Protokoll der
Hauptversammlung, S. 67.

Die künstliche Darstellung vieler Riechstoffe ist namentlich durch die klassischen wissenschaftlichen Arbeiten von O. Wallach in Göttingen über die Bestandteile des Terpentinöls gefördert worden. In diese **Künstlicher** Gruppe der Terpene gehört auch der Kampfer, der **Kampfer** ein Hauptexportartikel der Japaner geworden ist, die auf Formosa grosse Pflanzungen von Kampferbäumen angelegt haben und damit ein Weltmonopol zu erreichen gedachten. Er wird in erheblichen Mengen in der Zelluloidindustrie namentlich zur Filmfabrikation verwendet.*) Im Jahre 1902 gelang es der Scheringschen Fabrik in Berlin, den Kampfer aus Terpentinöl darzustellen und damit das japanische Monopol zu durchbrechen, wenn auch an der 15—20 Millionen Mark betragenden Weltproduktion der natürliche Kampfer immer noch in erheblichem Masse beteiligt ist.

Präparaten- Die synthetischen Heilmittel und Riechstoffe führen **industrie** uns zu der umfangreichen Industrie der chemischen Präparate. Diese wichtige Industrie hat in den letzten 25 Jahren eine enorme Ausdehnung erfahren und zu einem sehr bedeutenden Umsatz und einem über alle Länder der Erde ausgebreiteten Exporthandel geführt. Es ist jedoch nicht möglich, im Rahmen dieser Schrift auf die vielen Hunderte chemischer Präparate näher einzugehen, die für die Medizin, die Pharmazie, die Hygiene, für die Lebensmittel- und Gärungsgewerbe, für die Textil- und Lederindustrie, die Par-

---

*) Das Zelluloid ist eine Lösung von Nitrozellulose in Kampfer, die bei gewöhnlicher Temperatur hornartig fest, bei erhöhter Temperatur plastisch formbar ist. Im Jahre 1906 betrug der Umsatz der Zelluloidindustrie in Deutschland 80 Millionen Mark. (G. Bonvitt, Chem. Ztg., 1913, 1172.)

fümerie und Seifenfabrikation, für die Photographie, die Feuerwerkerei, die Beleuchtungsindustrie, die Keramik und viele andere Künste und Gewerbe täglich in grossen und kleinen Mengen gebraucht werden.

Bis zur Mitte des vorigen Jahrhunderts wurden diese Präparate beinahe ausschliesslich in den Apotheken hergestellt, deren Laboratorien damals fast die alleinige Pflanzstätte der Chemie bildeten. Heute werden sie teils von der Grossindustrie, teils von grösseren oder kleineren Spezialfabriken erzeugt, von denen einige der bedeutendsten noch aus jenen Apotheken durch allmähliche Vergrösserung und Erweiterung ihrer Laboratorien hervorgegangen sind.

So ist aus der Engelapotheke am Schlossgraben zu Darmstadt, die Friedrich Jakob Merck im Jahre 1654 erwarb, die heutige Chemische Fabrik E. Merck hervorgegangen, ein Weltunternehmen, das über 1800 Arbeiter und 400 Beamte beschäftigt, unter denen 75 Chemiker und Apotheker, Ingenieure, Aerzte und Tierärzte sind. Durch 2½ Jahrhunderte befindet sich dieses Unternehmen ununterbrochen im Besitze der Familie Merck, die sich nicht nur auf chemischem und pharmazeutischem, sondern durch den Schriftsteller und Kritiker Kriegsrat Johann Heinrich Merck auch auf literarischem Gebiete ausgezeichnet hat, den Freund Goethes, auf dessen Lebensentwicklung er, wie Goethe selbst bekennt, einen bedeutenden Einfluss ausgeübt hat.

In ähnlicher Weise, wenn auch in jüngerer Zeit, hat sich die Chemische Fabrik auf Aktien vorm. E. Schering zu Berlin aus der in der Chausseestrasse gelegenen „Grünen Apotheke" entwickelt. Anfangs der fünfziger Jahre des vorigen Jahrhunderts beschäftigt sich ihr Gründer Ernst Schering mit pharmazeutischen und photographischen Präparaten, die auf der Pariser Weltausstellung 1855 prämiiert werden. 1858 errichtet er eine Präparatenfabrik in Berlin und 1874 eine zweite in Charlottenburg.

Um diese Zeit übernimmt I. F. Holtz aus Prenzlau die Leitung des Unternehmens, ein Mann, der sich um die chemische Industrie grosse Verdienste erworben hat. So sehr ihn seine erfolgreiche Berufstätigkeit in Anspruch nimmt, so findet er doch Zeit, sein Interesse und seine Arbeitskraft grossen, der Allgemeinheit dienenden Aufgaben zuzuwenden. Ein volles Vierteljahrhundert, 1881 bis 1906, führte er den Vorsitz des Vereins zur Wahrung der Interessen der Chemischen Industrie Deutschlands, dessen Tätigkeit die beispiellose Entwicklung dieser Industrie in dieser Zeitperiode widerspiegelt. Waren es bis dahin wesentlich technische und kaufmännische Fragen, mit denen sich der Industrielle zu beschäftigen hatte, so traten bald zahlreiche neue Probleme auf, die auf den verschiedensten Gebieten ihrer Lösung harrten. Fragen der allgemeinen Wirtschafts- und Sozialpolitik, Fragen der Steuer- und Zollgesetzgebung, des Patent- und Handelsrechts, des Versicherungswesens, der Gift- und Sprengstoffbehandlung, der Tarifierung und Detarifierung, Konzessions- und Verwaltungsfragen, die Schaffung der Berufsgenossenschaft der Chemischen Industrie und ihre Organisation, Fragen der Ausbildung der Chemiker, die Herausgabe der Vereinszeitschrift „Die Chemische Industrie" und viele andere Gegenstände bildeten die Tagesordnung der Versammlungen des Vereins, die in Vorstands- und Kommissionssitzungen sorgfältig vorbereitet wurden.

(Randnotiz:) Verein zur Wahrung der Interessen der chemischen Industrie Deutschlands

Als durch das Reichsgesetz vom 7. Juli 1884 die Berufs-genossen-schaft der chemischen Industrie Alters- und Invalidenversicherung eingeführt wurde, trat Holtz an die Spitze der Berufsgenossenschaft der chemischen Industrie, dieses segensreichen Unternehmens, das er mustergültig organisiert und 20 Jahre lang als Vorsitzender verwaltet hat. Endlich ist ihm die Deutsche Chemische Gesellschaft, deren Schatz- Deutsche chemische Gesellschaft meisteramt er 30 Jahre bekleidet hat, zu besonderem Dank verpflichtet dafür, dass er den Wunsch des dahingeschiedenen Meisters zur Ausführung brachte, im „Hofmann-Hause" der Gesellschaft in Berlin ein eigenes Heim zu errichten. So opferfreudig auch die Schüler und Freunde Hofmanns diesem Unternehmen gegenüberstanden, so war damals doch noch nicht die Zeit gekommen, dass die chemische Industrie solche Summen ohne weiteres zur Verfügung stellen konnte; es bedurfte vielmehr des zähen Festhaltens an dem einmal gefassten Beschluss, das dem Andenken des grossen Lehrers und Forschers gewidmete Werk in schöner und würdiger Weise durchzuführen.

Das Hofmann-Haus, in dem die Sitzungen der Bibliographie Gesellschaft abgehalten werden, bildet zugleich den Sitz der grossen chemisch-bibliographischen Organisation, um die uns nicht nur das Ausland, sondern auch andere Wissenschaften beneiden. Die „Berichte" der Deutschen Chemischen Gesellschaft, in denen die Originalabhandlungen der Mitglieder veröffentlicht werden, wurden nacheinander von H. Wichelhaus, F. Tiemann, P. Jacobson und R. Pschorr redigiert. Die Seitenzahl der Berichte, die im ersten Jahrgang (1867) 300 betrug, ist gegenwärtig auf über 5000 angewachsen. Der immer zunehmende Umfang der chemischen Literatur des In- und Auslandes, die früher den Mitgliedern in einem besonderen „Referatenteil" zugänglich gemacht wurde, veranlasste die Gesellschaft im Jahre 1897, das schon bestehende „Chemische Zentralblatt" zu erwerben und in erweiterter Form herauszugeben. Diese gegenwärtig ebenfalls auf ca. 5000 Seiten angewachsene Zeitschrift, die zuerst von R. Ahrend, dann von A. Hesse redigiert wurde, gibt eine vollständige Uebersicht sämtlicher Veröffentlichungen aus den Gebieten der reinen und angewandten Chemie, einschliesslich der deutschen Patentliteratur. Von den Abonnenten gehören etwa drei Fünftel dem Inlande und zwei Fünftel dem Auslande an. Die Benutzung der „Berichte" und des „Zentralblattes" wird durch sieben Generalregister erleichtert. Um aber den besonderen Bedürfnissen der organischen Chemie gerecht zu werden, ist neuerdings eine von R. Stelzner redigierte Herausgabe der „Zweijährlichen Literatur-Register der organischen Chemie" aufgenommen worden, die nach einem besonderen, zuerst von M. M. Richter angewandten Formelsystem geordnet sind. Ein ähnliches „Literaturregister der anorganischen Chemie" ist von M. K. Hofmann vor kurzem in Angriff genommen worden.

Neben diesen periodischen Veröffentlichungen hat aber die Gesellschaft seit 1897 in der Fortsetzung des „Handbuches der organischen Chemie von F. Beilstein" die von P. Jacobson redigierte, systematisch geordnete Sammlung der gegenwärtig etwa 150 000 Verbindungen umfassenden organisch-chemischen Forschungsergebnisse übernommen, deren vierte in Vorbereitung befindliche, auf 12 Bände berechnete Auflage auf mehr als 1000 Druckbogen geschätzt wird.

* * *

Auch für die Zukunft fehlt es der chemischen For- Flüssige
schung glücklicherweise nicht an neuen Zielen. Der Brennstoffe
fortschreitende Verkehr erfordert beständig grössere
Mengen chemischer Energie in der bequemen Form
flüssiger Brennstoffe, als Benzin, Benzol, Petroleum,
Braunkohlen- und Steinkohlenteerölen, zum Treiben mo-
derner Motore*) zu Wasser, zu Lande und in der
Luft, die von der chemischen Industrie beschafft werden
müssen. Mit der zunehmenden Zahl der Automobile,
die durch die Abschaffung des Pferdebetriebes grosse
Getreideflächen für die menschliche Ernährung frei-
machen, wächst aber auch der Bedarf an Gummi von
Jahr zu Jahr, denn die Unebenheiten der Strasse lassen
sich mit den wachsenden Fahrgeschwindigkeiten nur
durch ein elastisches Medium in Einklang bringen. Noch
muss Deutschland den Kautschukbedarf für seine 80 000 Künstlicher
Automobile und für viele andere Zwecke vom Auslande Kautschuk
beschaffen,**) aber die wissenschaftlichen Arbeiten von

---

*) Die im In- und Auslande gebauten Dieselmotore haben
gegenwärtig eine Gesamtstärke von 1 720 000 PS., wovon auf
Deutschland 774 000 PS. kommen. (G. Krämer, Chem. Ztg.,
1913, S. 25.) Die Weltproduktion an Erdöl ist in den Jahren 1906
bis 1911 von 28,6 auf 44,5 Millionen Tonnen gestiegen. Hiervon
kamen im Jahre 1911 auf die Ver. Staaten Amerikas 28,4, auf
Russland 9,1 Millionen und 7 Millionen Tonnen auf alle übrigen
Länder.

**) An rohem und gereinigtem Kautschuk wurden 1908 nach
Deutschland eingeführt 14 740 Tonnen im Werte von 89 Millionen
Mark, 1912 10 586 Tonnen im Werte von 162,7 Millionen Mark. An
Kautschukwaren wurden ausgeführt 1908 7 775 Tonnen im Werte
von 45.67 Millionen, 1912 11 549 Tonnen im Werte von 62,3 Millionen Mark. (Chem. Ind. 1913. 36. Protokoll der Hauptversammlung S. 72).

C. Harries*) in Kiel und die unter C. Duisbergs
tatkräftiger Leitung von Fritz Hofmann und seinen
Mitarbeitern in den Elberfelder Farbenfabriken
ausgeführten Untersuchungen zeigen schon den Weg zur
technischen Gewinnung des künstlichen Kautschuks,
um den deutschen Bedarf und vielleicht den Weltbedarf,
der heute einen Wert von 900 Millionen Mark aufweist,
im Inlande zu fabrizieren.**)

Gerbstoffe, Zucker

Die Synthese der Gerbstoffe ist von Emil Fischer
aufgenommen worden. Ihm verdankt die wissenschaftliche Chemie die Erforschung der natürlichen Zucker,
eines Gebietes, das vorher zu den geheimnisvollsten
dieser Wissenschaft gehörte. Zu seiner Eroberung
haben indessen die bisherigen Waffen der chemischen
Synthese nicht ausgereicht. Wie im modernen Kriege
musste der geniale Forscher die dritte Dimension zu
Hilfe nehmen, um mit dem Flugzeug der Stereochemie
van't Hoffs dieses verwickelte Gebiet restlos aufzu-
klären. Auch vor dem höchsten Problem, der wissen-

Eiweiss-stoffe

schaftlichen Synthese der Eiweissstoffe, ist Emil
Fischer nicht zurückgeschreckt. Ob es aber der technischen Chemie jemals gelingen wird, in der Gewinnung der Nahrungsmittel mit der Natur in erfolgreichen Wettbewerb zu treten? Wer vermöchte es zu
sagen!

* * *

---

*) C. Harries. Ueber künstlichen Kautschuk vom wissen-
schaftlichen Standpunkt. „Kunststoffe." München 1912. 2.

**) Der erste Weg, der zum künstlichen Kautschuk geführt hat,
ging über das Isopren, einen leichtflüchtigen Kohlenwasserstoff,
der zuerst 1860 von Greville Williams durch trockene Destillation
aus dem Kautschuk gewonnen wurde. Es hat sich ergeben, dass
der Kautschuk als ein Polymerisationsprodukt des Isoprens auf-
zufassen ist.

Kaiser Wilhelm-Institut für Kohlenforschung in Mülheim a. d. Ruhr.

Wir sind am Ende unserer Betrachtungen. Der Schluss
Wanderer im Gebirge hat eine ansehnliche Höhe er-
stiegen und erblickt vor seinem geistigen Auge den ver-
schlungenen mühsamen Pfad, der ihn aus der Dürre
der mittelalterlichen Erkenntnis in die fruchtbaren Gefilde der Gegenwart geführt hat. Mit Benutzung aller
geistigen und technischen Hilfsmittel hat er den Weg
gebahnt. Die Leuchte der Wissenschaft in der Hand,
durchdringt er die Geheimnisse der Natur, die Magnet-
nadel der chemischen Theorien führt ihn von Entdeckung
zu Entdeckung in den eroberten Gebieten, deren Grenzen
er mit den Waffen des gewerblichen Rechtsschutzes
gegen das Ausland verteidigt. Mit einer Kapitalrüstung
der Unternehmungen von über 700 Millionen und einer
Reserve von über 250 Millionen Mark,*) einem Heer von
250 000 Arbeitern, dessen Jahressold über 300 Millionen

*) Im Jahre 1912 wurden die Bilanzen von 195 Aktien-Gesell-
schaften mit einem eingezahlten Kapital von 710,1 Millionen Mark
veröffentlicht. Diese verteilten an die Aktionäre 109,05 Millionen
Mark oder durchschnittlich 15,63 Prozent. Ausser dem Aktienkapital arbeiteten in diesen Gesellschaften noch 266 Millionen Mark
sichtbare Reserven und 169 Millionen Mark Obligationen und Hypo-
theken; das sind insgesamt 1145 Millionen Mark, auf die an Divi-
denden und Zinsen 115,8 Millionen Mark ausgezahlt wurden. Daraus ergibt sich eine Durchschnittsverzinsung von 10,12 Prozent
des investierten Kapitals.

beträgt,*) und einem Stabe von Tausenden wissenschaftlicher, technischer und kaufmännischer Beamten wird das neue Land im friedlichen Wettkampf nationaler Arbeit bestellt, um tausendfältige goldene Frucht zu tragen. Eine reiche Ernte, deren Wert in der deutschen chemischen Gesamtproduktion gegenwärtig auf 1¾ Milliarden Mark geschätzt wird, ergiesst sich unter der Führung des deutschen Kaufmanns über alle Länder der Erde, um auf dem Weltmarkt Zeugnis abzulegen von deutschem Fleiss und deutschem Unternehmungsgeist. Das Geheimnis dieses Erfolges aber erblicken wir in dem planvollen Zusammenwirken von Wissenschaft und Industrie. Scientia potestas est. Deshalb gedenken wir in Dankbarkeit des hohen Interesses, das der Kaiser

---

*) Die Arbeiterzahl betrug im Jahre 1912 249 819; der durchschnittliche Jahresverdienst 1234 Mark. Die Vermehrung der bei der Berufsgenossenschaft der chemischen Industrie versicherten Betriebe in den letzten 25 Jahren ergibt die folgende Tabelle, die ferner die Anzahl der bei diesen beschäftigten „Vollarbeiter", deren Lohnsumme und den Durchschnittslohn angibt. Die Zahl der „Vollarbeiter" wird in der Weise festgestellt, dass die von den versicherungspflichtigen Personen in den einzelnen Jahren geleistete Gesamtzahl der Arbeitstage durch 300 dividiert wird.

	Betriebe	Vollarbeiter	Lohnsumme M.	Durchschnittslohn M.
1888	4464	83 667	67 055 828	801
1891	5278	100 285	88 855 954	885
1894	5758	110 848	94 289 192	855
1897	6816	129 827	115 662 600	889
1900	7169	153 011	148 412 681	961
1903	7747	168 950	166 298 445	984
1906	8505	195 856	207 811 918	1063
1909	8702	211 880	240 464 951	1182
1912	9147	249 819	308 290 516	1234

und König an den Fortschritten der chemischen Wissenschaft genommen und das sich aufs neue bei der feierlichen Eröffnung der ersten Kaiser-Wilhelm-Institute kundgegeben hat. Die neuen Forschungsinstitute in Dahlem sind der Chemie und der physikalischen Chemie gewidmet, und schon erhebt sich ein neues Kaiser-Wilhelm-Institut für Kohlenforschung in Mülheim a. d. Ruhr.*) Möge unter dem Schutze der Hohenzollern das Banner der deutschen Wissenschaft auch fernerhin über der chemischen Industrie wehen, um neue Erfolge zu zeitigen zur Ehre unseres Vaterlandes, zur Wohlfahrt unseres Volkes.

---

*) An dem Institut für Chemie wirken E. Beckmann für anorganische, R. Willstätter für organische und O. Hahn für radiologische Chemie; das Institut für physikalische Chemie wird geleitet von F. Haber, das Institut für Kohlenforschung von F. Fischer.

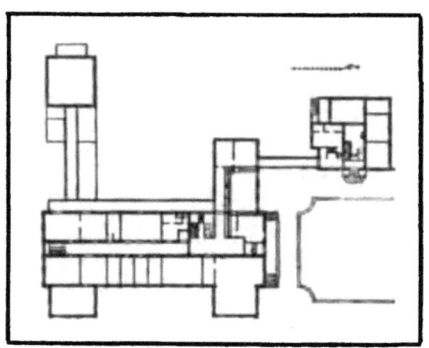

Grundriss des Mülheimer Instituts.

Literatur.

Ahrens, Die Elektrochemie am Anfang und Ende des 19. Jahrhunderts. Ztschr. ang. Chemie, 1900, S. 1090.

Badische Anilin- und Sodafabrik, Gesamtbild ihrer Tätigkeit. Ludwigshafen a. Rh., 1913.

Bernthsen, Ueber Luftsalpetersäure. Vortrag, gehalten auf dem VII. internationalen Kongress für angewandte Chemie zu London, 1909.

Bernthsen, Nachruf auf Heinrich Caro. Ber. d. d. chem. Ges., 1912, 45.

Binz, A., Chemische Industrie und Volksernährung. Berlin, 1913.

Binz, A., Die Mission der Teerfarben-Industrie. Berlin, 1912.

Binz, A., Ursprung und Entwicklung der chemischen Industrie. Berlin, 1910.

Brunck, H., Die Entwicklungsgeschichte der Indigo-Fabrikation. Festvortrag, gehalten bei der Einweihung des Hofmannhauses. Ber. d. d. chem. Ges. 1900, 33, 3. Sonderheft, S. LXXI.

Caro, H., Ueber die Entwicklung der Teerfarben-Industrie. Ber. d. d. chem. Ges. 1892, 25, 3, S. 955.

Caro, H., Ueber die Entwicklung der chemischen Industrie von Mannheim-Ludwigshafen a. Rh. Ztschr. ang. Chem. 1904, 17, S. 1343.

Darmstädter, L., und Du Bois-Reymond, R., 4000 Jahre Pionier-Arbeit in den exakten Wissenschaften. Berlin, 1904.

Deutsche Edelstein-Gesellschaft, Synthetische Edelsteine, ihr Wesen und ihre Erzeugung. Als Manuskript gedruckt. Idar, 1911.

Die Hauptindustrien Deutschlands. Leipzig, 1904.

Du Bois-Reymond, E., Die Berliner französische Kolonie in der Akademie der Wissenschaften. Reden, II., S. 313.

Duisberg, C., Die Wissenschaft und Technik in der chemischen Industrie mit bes. Berücksichtigung der Teerfarbenindustrie. Festvortrag, gehalten in der Hauptversammlung des Deutschen Museums. München, 1911.

Duisberg, C., Fortschritte und Probleme der chemischen Industrie. Vortrag, gehalten a. d. VIII. intern. Kongress f. ang. Chemie in New-York. Ztschr. ang. Chemie, 26, S. 1.

Engler, C., Ueber Zerfallprozesse in der Natur. Verh. d. Ges. Deutscher Naturforscher und Aerzte. 1911, 1, S. 42.

Eichengrün, A., 25 Jahre Arzneimittel-Synthese, Ztschr. f. ang. Chemie, 1913, 26, S. 49.

Farbwerke vorm. Meister Lucius & Brüning, 1863—1913. Jubiläumsschrift. Höchst a. M., 1913.

Fischer, P., Entwicklungsgeschichte der Zündholzindustrie. Ztschr. ang. Chemie, 1912, 25, 2640.

Frank, A., Anfang und Entwicklung des Kalibergbaues und der Kali-Industrie, Verh. d. Ver. z. Bef. d. Gewerbefleisses, 1902, 81, S. 233.

Glaser, C. Heinrich von Brunck. Ber. d. d. chem. Ges. 1913. 46.

Grossmann, H., Die Stickstoff-Frage und ihre Bedeutung für die deutsche Volkswirtschaft. Berlin, 1911.

Grossmann, H., Die Bedeutung der chemischen Technik für das deutsche Wirtschaftsleben. Halle a. S., 1907.

Harries, C., Ueber den gegenwärtigen Stand der Chemie des Kautschuks. Vortr., geh. i. Oesterr. Ing.- und Architekten-Verein, Wien, 1910.

Harries, C., Ueber den künstlichen Kautschuk vom wissenschaftl. Standpunkte. Vortr., geh. i. Ver. deutscher Chemiker, Freiburg i. B. „Kunststoffe", 1912, 2.

Herzog, R. O., Chemische Technologie der organischen Verbindungen. Heidelberg, 1912.

Hesse, A., Bilder aus der Riechstoffindustrie. Ztschr. ang. Chem., 1912, 25, S. 337.

Hofmann, A. W., Fischer, E., Caro, H., Zur Erinnerung an Peter Gries, Ber. d. d. chem. Ges., 1891, 25, 3, S. 1007.

Hüttensmüller, R., Die chemische Industrie Deutschlands, insbesondere die deutsche Teerfarben- und Indigo-Industrie. Vortr., geh. im Auswärtigen Amt zu Berlin, 1912. Als Man. gedr.

Knietsch, R., Ueber die Schwefelsäure und ihre Fabrikation nach dem Kontaktverfahren. Ber. d. d. chem. Ges., 1901, 34, 3, S. 4069.

Kolbe, G., Geschichte der Königlichen Porzellanmanufaktur zu Berlin. Berlin, 1863.

Krämer, G., Die Bedeutung des Petroleum-Monopols für die chem. Industrie. Chem.-Ztg., 1913, 25.

Lepsius, B., Das alte und das neue Pulver. Verh. d. Vers. deutscher Naturf. u. Aerzte. Leipzig, 1891. 1.

Lepsius, B., Aug. Wilh. von Hofmann. Allg. deutsche Biographie. Leipzig 1905.

Lepsius, B., Die Chemische Fabrik Griesheim Elektron . und ihre Wohlfahrtsbauten. Jubiläumsschrift. Berlin 1908.

Lepsius, B., Die Elektrolyse in der chemischen Gross-Industrie. Ber. d. d. chem. Ges., 1909, 42, S. 2892.

Lepsius, B., Julius Friedrich Holtz, Chem.-Ztg., 1911, S. 693.

Lepsius, B., Die technische Gewinnung und Verwendung von Wasserstoff. Verh. d. Ver. z. Beförderung d. Gewerbfleisses, 1912, Heft 2.

Möhlau, R., Die Entwicklung und nationalökonomische Bedeutung der deutschen chemischen Industrie im 20. Jahrhundert. Rektoratsrede, Dresden, 1908.

Oechelhäuser, W. von, Technische Arbeit einst und jetzt. Berlin 1906.

Precht, H., Die norddeutsche Kali-Industrie. Herausgegeben von R. Ehrhardt, Stassfurt, 1907.

Rassow, B., Geschichte des Vereins Deutscher Chemiker in den ersten 25 Jahren seines Bestehens. Leipzig, 1912.

Samtleben, A., Leuchtgas in chemischer, hygienischer und wirtschaftlicher Beziehung. Ztschr. f. ang. Chem. 1912, 25, 2648.

Sander, A., Technische und wirtschaftliche Entwicklung der deutschen Industrie. Vortr., geh. im Ver. zur Bef. des Gewerbefleisses. Berlin, 1912.

Schilder, S., und Springer, L., Rohstoffe, Fabrikate, Abfälle. Eine wirtschaftliche Studie. Wien, 1909.

Schneider, W. von, Mineralische Düngemittel und Ernteerträge. Riga, 1909.

Stange, A., Die Zeitalter der Chemie in Wort und Bild. Leipzig, 1908.

Süvern, C., Die künstliche Seide. Berlin, 1900.

Volhard, J. u. Fischer, E., Aug. Wilh. von Hoffmann. Berlin 1902.

Wallach, O., Organische Chemie, Kultur der Gegenwart, III, 2. Leipzig, 1913.

Wenzel, O., Die Arbeiter der chemischen Industrie und ihre Löhne. V. Intern. Kongress für ang. Chemie, Berlin, 1903, Band IV, S. 851.

Wichelhaus, H., Wirtschaftliche Bedeutung chemischer Arbeit. Braunschweig, 1900.

Wichelhaus, H., Organische Farbstoffe. Dresden, 1909.

Wichelhaus, H., Sulfuriren, Alkalischmelze der Sulfosäuren, Esterifizieren. Leipzig 1911.

Winkler, Cl., Die Entwicklung der Schwefelsäure-Industrie im Laufe des scheidenden Jahrhunderts. Ztschr. ang. Chem., 1900, S. 731.

Winther, Ad., Zusammenstellung der Patente a. d. Gebiete der organischen Chemie 1877 bis 1905. 3 Bde., Giessen, 1908—1910.

Will, W., Ueber Sprengmittel. Vortr., geh. im Oesterr. Ing.- und Architekten-Verein. Wien, 1910.

Witt, O. N., Weltausstellung zu Paris 1900. Sammelausstellung der deutschen chemischen Industrie. Berlin, 1900.

Witt, O. N., Ferdinand Tiemann. Ein Lebensbild. Ber. d. d. chem. Ges., 1901, 34, 3, S. 4403.

Witt, O. N., Die chemische Industrie des Deutschen Reiches im Beginn des 20. Jahrhunderts. Festschrift zum 25. Jubiläum der Begründung d. Ver. z. Wahrung der Int. d. chem. Industrie Deutschlands. Berlin, 1902.

Witt, O. N., Die Entwicklung der technischen Chemie. Ber. d. d. chem. Ges., 1907, 40, 4, S. 4644.

Witt, O. N., Wechselwirkungen zwischen der chemischen Forschung und der chemischen Technik. Kultur der Gegenwart, III., 2., Leipzig, 1913.

Zenneck, F., Die Verwertung des Luftstickstoffs mit Hilfe des elektrischen Flammenbogens. Verh. d. Ges. deutscher Naturforscher und Aerzte. 1910, 1, S. 87.

Namenregister.

Sachregister.